品质课程
实验研究
丛书

丛书主编
杨四耕

核心素养导向的
课程设计

花园式课程的
文化与聚焦

郭云海　主编

华东师范大学出版社

编委会

主　　编：郭云海

副主编：李国英　　周　军　　何江勇

成　　员：张　颖　李晓宇　李琳玉　王丛丛　谢晓瑜
　　　　　黄小艳　孙　敏　王　琳　高琳雅　陈思颖
　　　　　何健强　吴　慧　黄　强　吴　卉　付玲娟
　　　　　魏巧璐

丛书总序

实践,课程最美的语言

西方课程研究已有百余年历史,对课程实践影响比较大的当属课程开发模式研究。西方课程开发模式主要有以下几种:一是目标模式,它以明确的目标为中心开展课程研制,其代表人物有博比特、泰勒和布卢姆;二是过程模式,它旨在通过详细说明内容和选择内容,遵循程序原理来进行课程研制,代表人物是斯滕豪斯;三是情境模式,它强调社会文化情境的分析,反对脱离社会现实及学校具体情境的课程方案研制,劳顿和斯基尔贝克是其主要代表人物;四是实践模式,以施瓦布为代表,他认为,通过课程审议洞察具体的实践情境,提出可供选择的方案是课程开发的重要任务。

自 20 世纪 90 年代以来,课程研究者逐渐不再局限于依据某种单一的课程理论来进行课程设计,而是根据培养目标、学习者的特点等对多种课程设计理论进行整合,以实现课程开发目标。如我国课程学者在批判继承东西方课程理论合理内核的基础上提出了"人化—整合"课程研制方法论,指出了该方法论的教育学标准、范式坐标、本质特征及框架设想。(参见郝德永在 2000 年于教育科学出版社出版的《课程研制方法论》。)

创新是理论研究的生命。被誉为"现代课程理论之父"的泰勒在他的专著《课程与教学的基本原理》中提出,课程研究必须关注"四个基本问题":学校应该达到哪些目标? 提供哪些教育经验才能实现这些目标? 怎样才能有效地组织这些教育经验? 我们怎样确定这些目标正在得到实现? 这四个基本问题构成了课程与教学的基本原理,为课程开发提供了坚实的理论基础和可靠的实践范式。我们提出的"首要课程原理",是置身中国课程改革实践,吸纳西方课程研究成果,采取整合融贯的思维方式,在充满张力的文化场域中进行综合创造的结果。它创造性地将泰勒的"四个基本问题"发展为学校课程实践的"五个基本原理":聚焦学习原理、情境慎思原理、文化融入原理、目标导引原理和扎根过程原理。其研究旨趣不是宏大庄严的理论，而在于回应课程变革的现实需求，更好地提升学校课程品质。

1. 聚焦学习原理：儿童成长是课程的焦点

杜威说："儿童和课程仅仅是构成一个单一的过程的两极。"他以全新的视角揭示了一个观点，即课程内容的逻辑顺序与儿童生长的心理顺序在本质上是一致的，它们都是儿童主动活动的结果。为此，他提出要研究儿童不同发展阶段的需要与可能性，给儿童提供有助于其"生长"的课程。他说："儿童的世界是一个具有他们个人兴趣的人的世界，而不是一个事实和规律的世界。儿童世界的主要特征，不是什么与外界事物相符合这个意义上的真理，而是感情和同情。"（杜威语）儿童需求是课程的核心，孩子们需要什么、喜欢什么，就给他配什么样的课程。杜威说："兴趣的价值在于它们所提供的那种力量，而不是它们所表现的那种成就。"这充分体现了儿童的"兴趣"和"感情"，融通了"科学世界"与"生活世界"的诉求，它让每一个孩子乐在其中，有所感、有所思、有所悟、有所得。聚焦学习，回归生长，让儿童处于课程中央，这是学校课程深度变革的追求。

2. 情境慎思原理：清晰学校课程变革的起点

课程生成于特定的时代背景与文化架构之中，是文化选择的结果，我们不能脱离社会现实及学校具体情境在"真空"中开发课程。只有在"情境慎思"的基础上，我们才能准确把握学校课程变革的宏观背景，深刻理解课程变革的文化架构，进而准确地揭示课程的本质，制定出立足在地文化资源、基于学校发展实际的课程方案。英国课程学者劳顿指出：课程开发必须关注宏观文化背景，研制课程要先进行"文化分析"。除了关注宏观文化背景，还要对学校微观情境进行分析，将关注的焦点放在具体学校和教师身上。这是英国课程学者斯基尔贝克课程开发"情境模式"之核心观点。

3. 文化融入原理：让思想的光辉映照学校课程

在不少人的眼里，课程就是分门别类的"学习材料"。当我们走出这种视野，把课程理解为每一个人活生生体验到的存在的时候，课程就具有了全新的含义，它不再只是一堆材料，而是一种"复杂的会话"，一种可以进行多元解读的"文本"。通过"解读"我们可以获得多元话语，通过"会话"我们可以得到关于课程的独特理解。派纳说：

"课程是一个高度符号性的概念,它是一代人努力界定自我与世界的场所。"它允许人们从不同的视域来理解课程,通过个性化的"复杂会话",课程那被久久遗忘的意义得以澄明:"学校课程的宗旨在于促使我们关切自己与他人,帮助我们在公共领域成为致力于建设民主社会的公民,在私人领域成为对他人负责的个体,运用智力、敏感和勇气思考与行动。"在这里,"课程不再是一个事物,也不仅是一个过程。它成为一个动词,一种行动,一种社会实践,一种私人的意义,一种公共的希望。"

4. 目标导引原理:让学校课程变革富有理性精神

如前所述,泰勒提出了课程开发的基本问题即著名的"泰勒原理"。由此,他建立了课程研制活动的四个基本环节:确定基本目标,选择学习经验,组织学习经验,评价学习结果。我们认为,学校课程变革不是漫无目的的"撒野",而是基于目标的牵引,匹配课程、实施课程、评价结果的过程,是让理性精神照耀学校课程变革的过程。

5. 扎根过程原理:激活学校课程变革图景

英国课程学者斯滕豪斯在 1975 年出版的《课程研究与研制导论》中,首倡课程开发的过程模式。过程模式重视基于"教育宗旨"的课程活动过程,强调通过对知识形式和活动价值的分析来确定内容,主张通过加强教师的发展来激活学校课程,要求教师在课程开发过程中,通过反思澄清隐含在课程实践过程中的价值要素,提升课程实践过程的价值理解力和判断力。美国课程学者施瓦布认为:课程是一个相互作用的"生态系统",它是建立在对课程意义的"一致性解释"基础上,通过这个"生态系统"要素间的相互理解、相互作用,实现学生学习需求的满足和德性的生长。因此,课程变革必须激活包括教师和学生在内的课程实践过程,回归课程的实践旨趣。

我们认为,"首要课程原理"是对课程现象、课程关系及其矛盾运动的理性认识,是建立在客观的课程事实、课程现象基础上的,通过归纳、演绎等科学方法,由概念、判断和推理构成的观念体系。它不是零碎的观点,有着自己独特的形式结构,是由不同要素构成的复杂理念系统。"首要课程原理"也是动态生成的观念系统,不是金科玉律式的教条,不是封闭的符号化知识体系,而是有待改进与完善的学校课程变革建议。"首要课程原理"具有实践浸润性,不是理论循环自证的形上之思,它是为了课程实践,通过课程实践,在课程实践中,浸润在实践与实验中不断生长的课程理论。

实践，课程最美的语言。经过十多年的实验与研究，我们深深感受到，学校课程实践的复杂性需要整合性的课程理论架构作指导。"首要课程原理"是在潜心梳理现有课程理论成果过程中，发现其固执一端的弊端而获得方法论启迪的，它是以综合创造思维对各流派课程理论进行概括、提炼与建构的结果。它是课程研制要素在时间和空间上相对稳定的联系方式的理性表达，既是从过去状况到现实经验的情境分析，也是对课程理想状态的整体设计。可以说，"首要课程原理"是课程理论的精华与课程实践的智慧，具有观点深刻性、架构系统性及实践指向性等特点。

"品质课程实验研究丛书"是我们运用"首要课程原理"开展课程行动研究，促进一批学校推进课程深度变革的成果。我们期望通过试验与实证、归纳与演绎，逐步完善"首要课程原理"系列命题，建立理论性与实践性并存、可重复、可操作的课程知识体系，真正提升学校课程实践品质。

课程是理论的实践表达，理论是实践的理性观念，让课程理论与实践良性互促是课程研究的神圣使命。富有原创性的课程理论，不仅启发无尽的思考，也启示实践的路向，激发课程变革的热情。一种好的理论，应当顶天立地，上通逻辑，下连实践，体现思辨的旨趣，充满生命活力。

杨四耕

2019 年 5 月 1 日于上海市教育科学研究院

目录

第一章　人文之雅：进入唯美缤纷的语言世界　　028

　　人文即人之文化，是人类文化中最温暖的成分，是人类文化的基因，是万物的尺度，是人类智慧与精神的载体……人之所以是万物之灵，就在于人有人文，有自己独特的精神文化。"人文之雅"课程旨在促进儿童人性境界的提升、理想人格的塑造以及个人与社会价值的实现。其核心是让儿童进入唯美缤纷的语言世界，经由语言学会理解世界，理解人性，从而涵养人文精神。

第二章 健康之乐：让运动挥洒汗水   097

健康是"与地为伍,劈波踏浪,与天为伴,梦想飞扬"的气魄;健康是"老骥伏枥,志在千里。烈士暮年,壮心不已"的自信;健康是"时人不识余心乐,将谓偷闲学少年"的愉悦;健康是"外融百骸畅,中适一念无"的气韵;健康是"问君何能尔,心远地自偏"的境界……

第三章 科学之真：畅游温暖的科学海洋   132

科学是人类行走在路上拾起的一块小石头,不起眼的外表经过打磨后闪烁耀眼的光芒;科学是人类在山水之间闻到的一阵花香,淡雅而令人沉醉;科学是从地壳迸发出的岩浆,热烈而令人敬畏;科学是我们仰望夜空时所看到的亿万年前的点点星光,遥远而令人憧憬;科学是我们捧在手上的时光,刚要抓住,却飞速幻化……我们享受科学带给我们的技术变革,带给我们的美好生活,科学让原本冰凉的夜晚有了暖意,而这都是我们人类不断求真的结果。

第四章　思维之活：迸发灵动的智慧源泉　　　163

数学是人类智慧皇冠上最灿烂的明珠;数学是人类解开愚昧、走向文明的引领者;数学是数和图编织的图画;数学是"1、2、3"合唱出来的高亢的歌;数学是空间关系的浓缩,是数量关系的组合,是科学发展的桥梁……宇宙之大,粒子之微,火箭之快,化工之巧,地球之变,生物之迷,日用之繁,无处不用数学。

第五章　艺术之美：让心灵之花绽放异彩　　　210

　　艺术是一曲华章,突破苍穹的约束;艺术是一幅水墨,点染无尽的山水;艺术是一支舞曲,恢弘青春之彩;艺术是一尊塑像,雕刻新兴之美……绘画、雕塑、音乐、舞蹈,等等,艺术蕴含"生命"的力量,促进人之生命的丰盈与成长。让儿童浸染艺术的气息,沉浸在艺术的海洋中,内塑修行,滋养心灵,让心灵之花绽放异彩。

后记　　　　　　　　　　　　　　　　242

总论 核心素养导向的课程设计逻辑

广州市黄埔区东荟花园小学创办于 2013 年,是广州市黄埔区第一所由开发商向政府移交产权的小区配套的公办小学。学校占地面积为 20 000 平方米,建筑面积为 11 375 平方米,校园环境优美,布局合理,教育教学设备先进,拥有一支师德高尚、勇于进取、业务精湛、学识学养深厚的师资队伍。学校现有 38 个教学班,学生 1 600 余人,专任教师 93 人,其中 52 人具有高中教师任职资格,13 人具有研究生学历,教师本科以上学历比率达 100%。目前,学校有广东省特级教师 1 人,中学正高级教师 1 人,中学高级教师 4 人,广州市"名校长"1 人,广州市"百千万"名师 3 人,广州市骨干教师 3 人,区首届品牌教师 2 人,区"十佳教学能手"8 人。学校以"一切为了师生幸福成长"为办学宗旨,提出了"幸福就像花儿一样"的办学理念。五年多来,在万科东荟城这片充满生机与活力的热土上,全体师生厚载着社会与家长的殷切期望,努力用智慧、激情和汗水谱写理想的篇章。

一 学校课程哲学:让儿童幸福成长

幸福是人类的永恒追求。我们相信:教育,本身应是享受幸福的过程,同时也为人们追求幸福打下基础。为此,我校提出了"幸福教育"的理念。我们把"幸福教育"作为培养学生的目标,即把教育当作一件幸福的事业来做,"幸福地教,幸福地学",并致力于为每一个学生打下这样的基础:有感受、理解幸福的思维,有传递、创造幸福的能力,有珍惜幸福的人格,有奉献幸福的境界,成为和谐社会里的"幸福人"。让教师享受教育的幸福,让学生体验幸福的教育,让每一个孩子在快乐中获得幸福和健康成长。

我们坚信,每一个孩子都是绚丽的花朵。作为教育者,我们面对的是一个个洋溢着灿烂微笑,欢唱出动听歌声的孩子;是具有生命意识,具有发展潜能,具有独立个性和社会意义的活生生的人。孩子们是祖国的未来，是民族的希望，他们如灿烂娇柔的花朵，只有精心呵护，细心培养，让每一朵小花都幸福地绽放，祖国的大花园才能香气四溢、鲜花烂漫。

我们坚信，学校是一个充满人文关怀的地方。教育是生命过程的重要组成部分；是教师的生活方式，是实现教师个人价值的载体；是学生的成长方式，也是其塑造个性、奠基人生的重要手段。只有充满人文关怀的校园，才能还原教育的自然本色。人文关怀是以人为本的必然要求，是教育的价值诉求。在人文校园的熏染和浸润中，师生的活力被激发，潜能得到发展，学校教育不断产生新质，文化底蕴不断积淀。充满人文关怀的校园是师生共同成长的精神家园。为师生营造出更和谐、更温暖、更有品质、充满人文关怀的校园环境是彰显学校文化底蕴的关键，更是提升办学品位的重要标志。

我们坚信，幸福是教育的目的，也是教育的过程。我们的教育是让孩子们拥有幸福绽放的金色童年，通过教育，让孩子们拥有心灵的幸福，为孩子们的终身幸福奠定基础。同时，在教育的过程中，也要适应孩子们的根本需要，使教育的过程充满人文关怀，充满幸福感！我们将坚持以人为本，坚持德育为先，坚持能力为重，坚持全面和谐发展，坚持将培养孩子们感受幸福、珍惜幸福、传递幸福、创造幸福的能力贯穿于整个教育过程。

我们坚信，受教育的程度决定了一个人获得幸福的能力。我们的教育应为孩子们物质生活的幸福奠定必要基础，为孩子们的社会生活幸福打下一定基础，为孩子们的精神生活幸福打开广阔的空间。我们需要拒绝功利化教学和浮躁心态，尊重、呵护和关爱孩子们的生命成长，我们需要培养崇尚"人文之雅、健康之乐、科学之真、思维之活、艺术之美"的幸福学子，为他们终身幸福的起航蓄势。

"清风徐来，百花盛开；芳香四溢，浸润一方；英华满园，幸福绽放。"我们陶醉于东荟花园小学精美雅致、百花盛开、多姿多彩的校园环境之中，我们享受于温馨和谐、书声琅琅、翰墨飘香的校园文化之中……"幸福教育"是一种将幸福视为核心和终极价值理念的教育，它不仅要让师生在教育的过程中创造、生成丰富的幸福资源而获得幸福，更要培养师生的幸福观并创造各种有效获得幸福的办法，培养师生们理解幸福、体验幸福、创造幸福、享受幸福并获得终身幸福的能力。学校教育的中心应当是活生生的人，而不应当是僵硬刻板的知识，人不仅需要获得全面而丰富的知识，更需要具有完整而丰富的人性，只有这样，人才会有无限的想象力、创造力和生命力，才能实现终极的价值追求——获得幸福。于是，我们提出的办学理念是："幸福就像花儿一样。"我们将用爱培育学生、培养教师、沟通家长、引领社区，共建幸福教育的生态圈，让学生拥有幸福的童年，让教师拥有幸福的事业，让家长拥有幸福的家庭，让社区拥有幸福的环境，让幸福就像花儿一样绽放夺目的光彩！

"花园式课程"突破封闭式、以知识传授为主旨的课程文化局限，给予课程如百花园似的开放的视野、多元的视野、唯美的视野、令人愉悦的视野，让课程成为孩子们探求未知世界的乐园，通过"花园式课程"给予孩子们成长的营养，赋予孩子们关涉幸福的教育。我们相信每一个孩子都是百花园中幸福的花朵，每一个孩子都是美好的天使，是祖国的花朵、民族的希望、世界的未来。"春风绽放花千朵，时雨浸润心万颗"，我们希望我们的教育如春风化雨，浸润、滋养每一朵花儿，让孩子们的美好童年五彩缤纷、幸福绽放。因此，我们提出如下课程理念：缤纷童年，幸福绽放。这意味着：

课程即个性张扬。"花园式课程"主张蓬勃向上、个性张扬、特色发展的教育。19世纪著名的课程论学者斯宾塞曾说："教育的目的是培养人的个性。"我们的教育不应该仅仅是提高孩子的学业成绩，不应该扼杀孩子的天性和优势潜能，不应该让孩子在分数的桎梏下成为失败者，教育最成功的标志应该是让孩子真正成为他自己。法国作家罗曼·罗兰曾说："没有个性的文化是一种使人感到注定毁灭的悲剧性文化。"同样，没有个性特色的课程也是毫无生命力的课程，无法培养孩子积极向上的鲜活个性，无法锻造"天生我材必有用"的精神脊梁，无法培育勇往直前、舍我其谁的勇气……我们应开发各种能张扬学生个性，弘扬传统特色、民族特色、地方特色、学校特色，具有实践功能，蕴含德行发展的开放课程。

课程即审美体验。美是能够使人们感到愉悦的一切事物，它包括客观存在和主观存在。美，有自然美、社会美和艺术美。审美，是主体以感性观照的方式对审美对象进行直接的感性的把握。审美，既是主体发现、发掘审美对象的美的素质的过程，也是主体内心品赏、评价美的对象或对象的美，体验美在自身反映的过程。美的载体的范围极其广泛，包括建筑、音乐、舞蹈、服饰、陶艺、饮食、装饰、绘画等。不断提高孩子们的审美能力、创设审美情境、培养纯美品质、追求尚美精神等，才能真正促进与实现孩子们的和谐发展、幸福绽放，从而使孩子们真正开创和拥有幸福的生活和人生。

课程即心灵绽放。课程不仅是传递知识的载体，同时也是内塑修行，滋养心境，让心灵之花得以绽放的旅程。印度灵性大师克里希那穆提在他的著作《教育就是解放心灵》中提到，教育不应该使孩子的心灵"沿着狭窄的轨道运行"，进行"一种机械的生活方式，一种心智的模式化"，"绽放意味着自由，植物的生长需要自由"。而我们的课程设置，也尽量遵循孩子心灵发展的需求，通过自由多样、生趣十足的课程内容，去充盈、拓展他们的内心，使他们的心灵得以强健丰满、积极向上、包容豁达，如春之花朵般绽放异彩。

课程即多元发展。我们坚信，孩子们都有成才的权利，都有成才的可能，因此学校课程是在为每一个孩子编织成才的梦想，为每一个孩子积蓄成才的力量，为每一个孩子开辟成才的道路。为孩子们提供适合个性发展的多元课程，充分优化国家课程，丰富地方课程，使校本课程常态化和精品化，促进孩子多元发展，是送给孩子们最好的童年礼物。让孩子们在课程的滋养下挖掘自身优势，体验快乐，多元化发展。

二 学校课程目标：聚焦"雅乐真活美"之现代少年

在"幸福就像花儿一样"的办学理念的引领下，基于全面发展的要求以及核心素养培育的诉求，学校把"雅乐真活美"作为育人目标。我们努力培养具有"人文之雅、健康之乐、科学之真、思维之活、艺术之美"的现代少年，具体内涵如下：

人文之雅：情趣高雅、关爱他人、爱国感恩；

健康之乐：体魄强健、自信阳光、自强不息；

科学之真：热爱科学、勤于探究、勇于实践；

思维之活：乐学向上、思维灵活、敢于创新；

艺术之美：热爱艺术、审美创美、热爱生活。

育人目标往往是通过课程来达成的。为了实现我校的育人目标，我们将"花园式课程"目标分年级细化如下：

课程目标 育人目标	低年级	中年级	高年级
人文之雅	1. 养成良好的学习习惯。 2. 求知乐学,对学习充满兴趣。 3. 明礼懂礼,具备基本的礼仪和公民素养。 4. 学会沟通,学会认识自我及尊重他人。 5. 乐于开口表达,培养浓厚的英语学习兴趣,快乐说英语,大胆说英语。	1. 善于学习,勤于思考,勇于表达。初步具备独立学习、思考和分析的能力。 2. 养成读书、读报的良好习惯,并有意识地进行记忆和知识储备。 3. 举止文明,心存感恩,有互助意识,能将"仁义礼智信"传统准则内化吸收,并在日常生活中践行。 4. 形成较强的自主学习英语的能力,养成良好的英语思维习惯,自信说英语,大方说英语。	1. 能进行较为深入的思考,有个人观点,并能够有条理地陈述、表达。 2. 具备较为丰富的知识储备和一定的审美情趣。 3. 初步形成个人价值观,有家国意识,尊重个性独立和个人见解,养成积极的生活态度。 4. 具有良好的英语欣赏、朗读、运用能力,培养创新精神、批判能力,流利说英语,喜欢说英语。
健康之乐	1. 提高身体素质,培养体育技能。 2. 培养关于体育与健康的正确概念,养成良好的生活习惯和健康意识。 3. 具有关注身体和健康的意识,懂得营养、环境和不良行为对身体健康的影响。	1. 培养开朗的性格,兴趣爱好广泛,责任心强,关心集体,热爱集体。 2. 树立正确的人生观和社会观,正确理解体育活动与自尊、自信的关系。 3. 学会通过体育活动等方法调节控制情绪,形成克服困难的坚强意志品质。	1. 了解体育活动对心理健康的作用,认识身、心发展的关系。 2. 在和谐、平等、友爱的运动环境中感受到集体的温暖和情感的愉悦。 3. 在经历挫折和克服困难的过程中,提高抗挫折能力和情绪调节能力,培养坚强的意志品质。 4. 在不断体验进步或成功的过程中,增强自尊心和自信心,培养创新精神和创新能力,形成积极向上、乐观开朗的生活态度。

续　表

育人目标＼课程目标	低年级	中年级	高年级
科学之真	1. 观察、描述常见物体的基本特征。 2. 认识周边常见的动物和植物。 3. 知道与太阳、月球相关的一些自然现象。 4. 知道简单工具的功能和使用方法。	1. 初步了解植物体和动物体的主要组成部分，知道动植物的生命周期。 2. 初步认识人体的主要生命活动。 3. 知道设计包括一系列步骤，完成一项工程设计需要分工与合作，需要考虑很多因素。	1. 初步了解常见的物质的变化。 2. 初步认识人体的主要生命活动和人体健康。 3. 知道太阳系及宇宙中一些星座的基本概况。 4. 了解技术是人们改造周围环境的方法，知道工程是依据科学原理设计和制造物品，解决技术应用的难题，创造丰富多彩的人工世界的一系列活动。
思维之活	1. 对身边与数学有关的事物有好奇心，能参与数学活动。 2. 在观察、操作等活动中，能提出一些简单的数学猜想，表达自己的想法。 3. 经历简单的从实际生活中抽象出数学知识的活动，掌握简单的数学技能。	1. 主要通过数学名家的故事、数学简史、经典数学问题等课程内容，"品味数学文化，初建数学思维"。 2. 经历简单的数学活动，会独立思考问题，能从简单的情境中发现与数学有关的问题。 3. 在他人的鼓励和引导下，体验克服困难、解决问题的过程，相信自己能学好数学。	1. 理解数学的工具性和实用性，学会把简单的生活问题抽象成数学问题。"活用数学思维，开启智慧人生。" 2. 在观察、实验、猜想、验证等活动中，发展合情推理能力，能进行有条理的思考。 3. 经历与他人合作交流解决问题的过程，尝试解释自己的思考过程。 4. 初步养成乐于思考、勇于质疑、言必有据等良好品质。
艺术之美	1. 培养动手制作的兴趣，锻炼想象能力及创作能力。 2. 丰富情感体验，培养对艺术的热爱、对生活的积极乐观态度。	1. 作品内容丰富、富有生活情趣，有初步的创新意识。 2. 培养创新性思维，提高艺术审美能力，陶冶高尚情操，对艺术有所追求。	1. 提高想象力和创造力，提高审美意识和审美能力。 2. 增强对大自然和人类社会的热爱与责任感。 3. 尊重艺术，理解多元文化。 4. 培养艺术兴趣，树立终身学习的愿望。

三　学校课程体系：让儿童沉浸在丰富之中

在"幸福教育"的教育哲学引领下，我们提出了"幸福就像花儿一样"的办学理念和"缤纷童年，幸福绽放"的课程理念，并围绕《关于全面深化课程改革　落实立德树人根本任务的意见》以及《中国学生发展核心素养》总体框架等文件精神，研制了本校"花园式课程"规划。

"花园式课程"具有多元化、儿童化、个性化的特质。为实现"人文之雅、健康之乐、科学之真、思维之活、艺术之美"课程建设目标，我校的课程图谱如下：

东荟花园小学"花园式课程"图谱

幸福课程／年级	人文之雅	健康之乐	科学之真	思维之活	艺术之美
一年级	"铅"言"铅"语 童声童韵 妙语连珠 礼尚往来 趣味字母 字母王国	体能 校本 少儿趣味田径 别开"绳"面 三防小知识	农业科普 科学幻想画 科学家的故事 垃圾分类	童话数学 纸造世界 等你来发现 创意拼搭 解谜小能手	灵动节奏 经纬印染 趣味唱游 美诗吟唱 魔法拓印 木刻年画
二年级	横平竖直 粤语妙妙屋 公民教育 花心丝语 童声童韵 动感童谣	体能 校本 动感啦啦 捷足先登 人身安全小知识	蔬菜种植 小小气象家 走进自然 奇妙的实验 探索自然	趣妙数学 举一反三 数学汇展 五子棋 趣味九宫格	节奏大师 泥板纹饰 童趣绘声 粤味童谣 创意捏塑 泥条盘筑
三年级	笔墨生花 诗意达人 节日万花筒 撷英采华 趣味拼读 拼读世界	体能 校本 "羽"众不同 魅力地壶 心理健康	园林之美 创意设计 膳食营养 循迹小车 养蚕达人	数学大观园 数学探秘队 玩转数字 数学魔术 生活中的数学	越舞越爱 奇异民居 魅力古典 趣味创编 编织 广彩天地

幸福 课程 年级	人文之雅	健康之乐	科学之真	思维之活	艺术之美
四年级	书韵芳菲 荟诗·诗汇 感恩教育 舌辩群儒 读者剧场 剧场达人	体能 校本 活力篮球 武林盟主 应急能力	科普讲堂 地理漫谈 观鸟 小小科学家(生物类) 摄影基础	数学万花筒 趣味数学 快乐数独 玩转二十四点 灵动魔方	精彩舞韵 鸟语花香 京韵十足 多彩乡音 实验水墨 笔走龙蛇
五年级	笔落生风 童心童诗 修身立志 "遇"言不止 绘声绘话 七彩绘本	体能 校本 水中蛟龙 青出于"篮" 认识自我	神奇百草 身边的发酵食品 计算机小高手 小小科学家(物理类) Arduino创意机器人	"荟"用数学 思维对对碰 数学大求真 走近机器人 数学达人	多彩和声 巧手剪纸 流行流唱 粤韵风华 纸浆艺术 璀璨灯饰
六年级	笔落生风 课本剧场 口吐莲花 励志教育 韵文诵读 美文美读	体能 校本 你来我"网" 金绳雅韵 了解自我	工程与制作 蓝天飞梦 无线电测向 小小科学家(化学类) 星空与星象	玩转数学 理财小能手 阶梯数学	绘声"荟"唱 变废为宝 戏剧魅影 舞动青春 丽服华冠 Fashion Show

根据各课程的学科特点,在尊重学生认知规律,课程内容遵循从易到难、由浅入深、循序渐进原则的基础上,"花园式课程"力争系统、科学地设置各年级课程。具体设置如下:

一年级课程设置表

课程维度	课程安排		课程内容
人文之雅	上学期	"铅"言"铅"语 (必修)	让学生培养正确书写的姿势,学会运用"一拳、一尺、一寸"调整坐姿。掌握汉字基本笔画的书写方法,初步了解汉字基本的字形结构。
		童声童韵 (选修)	让学生了解古诗或诗人背后的故事,更好地理解和诵读古诗。通过诵读经典,增加识字量。

续　表

课程维度		课程安排	课程内容
		礼尚往来（必修）	利用班队会时间对中华传统礼仪进行讲解,使学生知礼懂理,具备基本的礼仪修养。
		趣味字母（选修）	通过音、视频资源的导入,植入各类游戏和操作,利用比赛、游戏、表演、操作和绘画等形式教授26个字母的音和形。
	下学期	"铅"言"铅"语（必修）	让学生进一步巩固正确书写的姿势,熟练掌握握笔技巧。初步习得汉字基本笔画的书写方法,了解汉字基本的字形结构。
		妙语连珠（选修）	以分享为目的,激起学生的表达欲望,同时鼓励学生用文字书写真情实感,表达自我。
		礼尚往来（必修）	利用班队会时间对日常生活中常见的礼仪进行讲解,使学生能够掌握其使用的环境及方式。
		字母王国（选修）	通过趣味字母故事动画或经典绘本的引入,带领学生理解故事的内容,强化每一个字母的音、形。
健康之乐	上学期	体能 校本	教授内容为队形队列跳绳的基本动作。
		少儿趣味田径	教授内容为趣味田径的基本玩法。
	下学期	别开"绳"面	教授内容为花式跳绳的基本脚步。
		三防小知识	教授内容为防火、防水、防电的知识。
科学之真	上学期	农业科普（上）（必修）	1. 常见农作物介绍、古代农耕知识介绍。 2. 农业工具和机械介绍。
		科学幻想画（选修）	1. 科幻画欣赏。 2. 科幻画创作。 3. 优秀科幻画展示。
		科学家的故事（选修）	让学生认识15位世界著名科学家。
	下学期	农业科普（下）（必修）	1. 农业先进科技介绍。 2. 农业种植与时令介绍、体验农耕。
		垃圾分类（选修）	常见垃圾分类方法。

续　表

课程维度	课程安排		课程内容
思维之活	上学期	童话数学(上) (必修)	通过读绘本,借助绘本中的情景,更好地帮助学生理解一些与生活相关的数学问题。(10课时)
		纸造世界 (选修)	教会学生折纸的基本折法与折叠符号,学习简单形象的动物折纸,认识基本的几何图形。(15课时)
		等你来发现 (选修)	让学生探寻数学里面有趣的规律,如数字的规律、图形的规律、计算方法的规律。(15课时)
	下学期	童话数学(下) (必修)	站在儿童的角度读数学,通过童话故事的形式让学生爱上数学、亲近数学。(10课时)
		创意拼搭 (选修)	让学生使用七巧板和立体图形进行创意拼搭,培养学生的空间想象能力和创造力。(15课时)
		解谜小能手 (选修)	根据一年级学生已学过的数学知识,让学生结合生活经验,以小组合作的方式,解答有趣的数学谜题,提高学生对数学学习的兴趣。(15课时)
艺术之美	上学期	灵动节奏	让学生了解乐理常识、基本节拍,认识打击乐种类,正确使用打击乐器。
		经纬印染	使学生体验不同的折叠、印染的技能,感受图形形态的千变万化。
		趣味唱游	把音乐符号化为富有情绪的生动形象的游戏,让学生在玩中学、在学中唱。
	下学期	美诗吟唱	通过吟唱古诗文,培养和激发学生用音乐语言传承和热爱祖国经典文化的情感。
		魔法拓印	使学生利用物体切面纹理进行涂色、印染、绘画,感知物体纹理的奇妙。
		木刻年画	使学生掌握制版技术,学会拓印方法。

二年级课程设置表

课程维度	课程安排		课程内容
人文之雅	上学期	横平竖直（必修）	培养学生养成规范的写字姿势，学习基本笔画，感知汉字结构的美。
		粤语妙妙屋（选修）	让学生学习粤语日常对话：问候用语、就餐用语、购物用语，了解粤语歌谣、粤语故事、粤剧等，了解本土文化。
		公民教育（必修）	利用班队会时间讲解基本的安全常识、法治常识、环保常识。
		童声童韵（选修）	利用英文儿歌集锦，让学生学唱充满童趣的英文儿歌，掌握英文儿歌的韵律节奏。
	下学期	横平竖直（必修）	让学生巩固写字姿势，学习汉字基本笔画，感知汉字的形态之美。
		花心丝语（选修）	介绍常见的花卉及其传说故事，对古代诗词中的常见花的诗句、含义进行讲解。学生学会描述花的形状、颜色、生长习性，进行简单练笔。
		公民教育（必修）	利用班队会时间进一步深化基本的安全教育、法治教育、环保教育。
		动感童谣（选修）	让学生学习经典英文童谣，听、读、诵、唱经典的英文童谣，带有童真地去表演、吟唱英文童谣。
健康之乐	上学期	体能　校本	教授内容为身体协调性练习和速度跳绳。
		动感啦啦	教授内容为啦啦操的基本动作。
	下学期	捷足先登	教授内容为足球的基本规则和传接球。
		人身安全小知识	教授内容为个人卫生和食品安全等知识。
科学之真	上学期	蔬菜种植（上）（必修）	1. 蔬菜栽培史的介绍。 2. 劳动工具的介绍。 3. 蔬菜品种的特点。 4. 常见蔬菜的种植（生菜、油菜、萝卜、黄瓜、番茄等）。 5. 蔬菜收获、分享交流会。

续　表

课程维度	课程安排		课程内容
	下学期	小小气象家 （选修）	1. 气象对人类生活的影响与作用。 2. 常见的天气现象。 3. 观测气象的方法与技巧。 4. 认识常见的气象灾害。
		走进自然 （选修）	1. 身边的植物和动物。 2. 自然界的水。 3. 我们与空气。 4. 低碳校园。
		蔬菜种植（下） （必修）	1. 蔬菜栽培史的介绍。 2. 劳动工具的介绍。 3. 蔬菜品种的特点。 4. 常见蔬菜的种植（生菜、油菜、萝卜、黄瓜、番茄等）。 5. 蔬菜收获、分享交流会。
		奇妙的实验 （选修）	开展生活中15个有趣且简单的科学实验。（如：自制汽水、水往高处走、小小喷泉、坚固的"桥"、"吃醋"的种子、鸡蛋玻璃杯等）
		探索自然 （选修）	1. 找找校园小动物的"家"。 2. 养盆栽。 3. 水和空气的一些实验。
思维之活	上学期	趣妙数学（上） （必修）	以教材的"你知道吗？"和活动课为主，比如在学完"认识时间"后介绍古代的计时工具，学完"认识长度"后开展"小测量家"活动等。（10课时）
		举一反三 （选修）	根据教材学习进度，对每一个重要知识点进行一例三练，让学生学会举一反三。（15课时）
		数学汇展 （选修）	介绍数学幽默、数学趣题以及数学故事等，让学生以此为素材选定主题进行手抄报创作。（15课时）
	下学期	趣妙数学（下） （必修）	以教材中好玩的知识点为主，比如在学习"万以内数的认识"时介绍神奇的算盘的相关知识，学完"图形的运动"后开展"小小设计师"活动等。（10课时）

续　表

课程维度		课程安排	课程内容
		五子棋 （选修）	介绍五子棋的由来及其发展历史,讲解走五子棋的规则和技巧。（15 课时）
		趣味九宫格 （选修）	介绍九宫格的起源、规则以及基本技巧,提高学生的逻辑推理能力。（15 课时）
艺术之美	上学期	节奏大师	要求学生能用打击乐器为歌曲伴奏、小合奏、大合奏。
		泥板纹饰	要求学生认识浮雕,能用泥条、泥块表现有前后层次、凹凸起伏的泥板浮雕。
		童趣绘声	要求学生运用画图的方式,把学到的歌曲用画笔描绘出来。
	下学期	粤味童谣	要求学生学习广东地区童谣,了解广州地域方言及历史文化。
		创意捏塑	要求学生学习用捏、压、雕、塑、刻等方法制作立体小动物。
		泥条盘筑	要求学生学习泥条盘筑方法,创作立体器皿作品。

三年级课程设置表

课程维度		课程安排	课程内容
人文之雅	上学期	笔墨生花 （必修）	让学生了解汉字形体及造字文化,解读汉字间架结构,并按照规范楷书字帖进行临摹、仿写。
		诗意达人 （选修）	学生懂得什么是吟诵,体会吟诵之美,能够吟诵 6 首古诗,学会自行吟诵 1 首古诗。
		节日万花筒 （必修）	利用班队会时间对我国传统的节庆日进行介绍,讲解节庆日的来历及习俗,让学生从另一个角度了解我国传统历史文化。
		趣味拼读 （选修）	让学生了解自然拼读,通过观看拼读视频、阅读系列书籍等方法系统学习自然拼读,包括字母发音、长短元音、字母组合、辅音连缀。

续 表

课程维度	课程安排		课程内容
	下学期	笔墨生花（必修）	进一步巩固学生对汉字形体的认识，让学生选取自己喜爱的字体进行临摹，初步写成个人书写风格。
		撷英采华（选修）	要求学生诵读美文，品读经典，培养学生体会文字韵味、琢磨内涵深意的能力。
		节日万花筒（必修）	利用班队会时间对国际重大节庆日进行介绍，讲解节庆日的来历及习俗，让学生进一步了解世界多元文化。
		拼读世界（选修）	要求学生了解自然拼读的音节、重音及拼读，总结归纳相关有规律的规则。
健康之乐	上学期	体能 校本	教授内容为身体柔韧性练习和花式跳绳一级。
		"羽"众不同	教授内容为羽毛球基本规则和打法。
	下学期	魅力地壶	教授内容为地壶球的常识和玩法。
		心理健康	使学生认识自我。
科学之真	上学期	园林之美（上）（必修）	1. 30 种常见园林植物的认识。 2. 园林植物辨认。
		创意设计（选修）	1. 欣赏创意设计。 2. 画创意设计图。 3. 制作创意成品。
		膳食营养（选修）	1. 食物的消化与吸收。 2. 营养学基础知识。 3. 各类食物的营养。 4. 膳食结构和膳食指南。 5. 各类人群的膳食营养与营养配餐的原理及作用。 6. 食谱编制。 7. 膳食营养与疾病的关系。 8. 食品的污染与预防。
	下学期	园林之美（下）（必修）	1. 介绍 30 种常见园林植物。 2. 园林植物辨认。
		循迹小车（选修）	1. 认识循迹小车的部件和作用。 2. 组装循迹小车。
		养蚕达人（选修）	1. 认识蚕的生活周期。 2. 经历养蚕过程。

续　表

课程维度	课程安排		课程内容
思维之活	上学期	数学大观园(上)(必修)	教授内容为数学简史、名家故事、数学手抄报制作。(10课时)
		数学探秘队(选修)	教授内容为行程问题、摸球游戏、数字编码。(15课时)
		玩转数字(选修)	教授内容为数独、火柴游戏。(15课时)
	下学期	数学大观园(下)(必修)	教授内容为巧数图形、逻辑推理、植树问题。(10课时)
		数学魔术(选修)	教授内容为与数学相关的魔术。(15课时)
		生活中的数学(选修)	教授内容为最佳策略、烙饼问题、统筹时间、抽屉原理。(15课时)
艺术之美	上学期	越舞越爱	教授内容为舞蹈常识、基本训练组合练习、舞种的学习与了解、成品舞实践学习。
		奇异民居	要求学生了解岭南主要民居类型,观察其造型特点,欣赏、描绘岭南民居。
		魅力古典	要求学生了解古典音乐,欣赏古典音乐中的经典作品,并了解相关作曲家的生平。
	下学期	趣味创编	通过对简单节奏及节拍的认知,培养学生运用所学知识进行简单创编活动的能力。
		编织	要求学生能绘画物体轮廓,用美工刀刻宽度适中的直线,运用编织法进行经线与纬线的穿插。
		广彩天地	要求学生运用广彩的紧密构图、浓艳色彩在纸盘上进行描绘。

四年级课程设置表

课程维度	课程安排		课程内容
人文之雅	上学期	书韵芳菲(写字)(必修)	1. 利用《跟胡一帆学书法》多媒体软件进行四年级上学期生字学习和硬笔书写学习。 2. 写字坐姿学习。 3. 笔画、笔顺学习。 4. 课文同步生字硬笔学习。

课程维度		课程安排	课程内容
		荟诗·诗汇（品诗会意、背诵、写体会）（必修）	1. 书籍：《小学生必备古诗词75首》。 2. 诵读技巧学习。 3. 重点诗歌赏析。 4. 诵读汇报。
		感恩教育（必修）	利用班队会时间让学生知道在自己成长的过程中有多少人付出了努力和关爱，从而学会感恩，进而用实际行动表达自己的感恩之情。
		读者剧场（选修）	使学生通过听读模式的训练，积累语言文字、声音符号，获取文本中丰富有趣的信息，培养学生学习英语的积极情感。
	下学期	书韵芳菲（写字）（必修）	1. 利用《跟胡一帆学书法》多媒体软件进行四年级下学期生字学习和硬笔书写学习。 2. 写字坐姿学习。 3. 笔画、笔顺学习。 4. 课文同步生字硬笔学习。
		舌辩群儒（论辩演说）（选修）	1. 论辩技巧。 2. 8个辩题：专题一：小学生上网吧是利多还是弊多？专题二：严父出孝子对吗？专题三：小学生是否应当有广泛的课余爱好？专题四：小学生可不可以看漫画？专题五：课余爱好有助于学习成绩的提高还是有碍于学习成绩的提高？专题六：小学生是否适合带手机？专题七：小学生要不要春游？专题八：有了电脑，小学生还需不需要练字？ 3. 检测方式：平时的课堂评价和期末的汇报成果展示。
		感恩教育（必修）	利用班队会时间让学生知道在自己成长的过程中有多少人付出了努力和关爱，从而学会感恩，进而用实际行动表达自己的感恩之情。
		剧场达人（选修）	基于四年级上学期"读者剧场"的提高及升华，注重学生的创新和表演。

课程维度	课程安排		课程内容
健康之乐	上学期	体能 校本	教授内容为身体灵敏练习和跳绳双飞跳。
		活力篮球	教授内容为篮球的基本知识和技能。
	下学期	武林盟主	教授学生学习五步拳。
		应急能力	教授内容为紧急疏散。
科学之真	上学期	科普讲堂（上） （必修）	1. 科技创新类的讲座。 2. 3D打印技术。 3. 科普故事的创作。 4. 科技小论文的撰写等。
		地理漫谈 （选修）	1. 地理与气象。 2. 地理与衣食住行。 3. 地理与防灾。 4. 地理与实践。 5. 地理与天文历法等。
		观鸟 （选修）	1. 了解观鸟的历史和意义。 2. 认识鸟类的名字。 3. 用望远镜观察鸟类。 4. 分享、交流、汇报。
	下学期	科普讲堂（下） （必修）	1. 科技创新类的讲座。 2. 3D打印技术。 3. 科普故事的创作。 4. 科技小论文的撰写等。
		小小科学家（生物类） （必修）	1. 使用显微镜。 2. 使用显微镜观察标本。 3. 制作动植物临时装片。 4. 萌发种子。 5. 探究种子的成分。 6. 养殖小虾。
		摄影基础 （选修）	1. 相机的历史、组成、原理等基础知识。 2. 景别和角度, 摄影构图的要领。 3. 室外实践。 4. 学生作品构图评析。

课程维度		课程安排	课程内容
思维之活	上学期	数学万花筒（上） （必修）	教授数学家故事、小统计家、小神算手、数学日记等内容。（10 课时）
		趣味数学 （选修）	教授有趣的规律、数字谜、神奇的数学符号、神奇的速算法等内容。（15 课时）
		快乐数独 （选修）	课程设置为：认识数独、唯一解法技巧、基础屏蔽法技巧、区块屏蔽法技巧、唯余解法技巧。（15 课时）
	下学期	数学万花筒（下） （必修）	教授平面几何的变换、三维空间的变换、调查统计、鸡兔同笼问题、设计营养午餐等内容。（10 课时）
		玩转二十四点 （选修）	课程设置为：二十四点游戏的来历及规则介绍、基础篇（用 1—10 的 40 张牌）、提高篇（除去"大、小王"剩下的 52 张牌）、解题技巧汇总、练习篇。（15 课时）
		灵动魔方 （选修）	课程设置为：魔方概况、魔方的类型和形式、魔方公式符号说明、魔方基本术语与玩法介绍、三阶魔方复原步骤、三阶魔方复原练习、魔方高级玩法介绍等。（15 课时）
艺术之美	上学期	精彩舞韵	课程内容为：各民族舞蹈的学习、创编。
		鸟语花香	让学生掌握写意花鸟的用笔方法，培养笔墨变化能力、状物能力、抒情表现能力及造境能力，提高水墨语言的表现力。
		京韵十足	让学生学习国粹，了解中国国粹艺术的人文价值，学唱经典曲目，学习京韵动作。
	下学期	多彩乡音	让学生学习民族歌曲，感受不同民族民歌的韵味。
		实验水墨	让学生在水墨中加盐、洗衣粉，感受水墨的纹理变化。以做实验的心态玩水墨。
		笔走龙蛇	让学生学会临帖，能把帖中范字的用笔、结构特点临写到位，并能感受、表现其中趣意。

五年级课程设置表

课程维度	课程安排		课程内容
人文之雅	上学期	笔落生风（必修）	教授内容为硬笔书法笔法与结构。
		童心童诗（必修）	授课围绕儿童诗欣赏与创作展开。
		修身立志（必修）	利用班队会时间使学生理解什么是诚实守信，什么是坚持不懈；懂得诚实守信、坚韧不拔等品质是中华民族的传统美德，也是每个少年儿童立身做人的基本道德准则；要做一个诚实守信、有毅力之人。
		绘声绘话（选修）	让学生阅读和赏析经典有趣的英文绘本，在感受语言、分享阅读、小组角色演绎等活动中逐步提高阅读兴趣和自主阅读能力。
	下学期	笔落生风（必修）	教授内容为硬笔书法笔法与结构。
		"遇"言不止（必修）	授课围绕小学生演讲与口才展开。
		修身立志（必修）	利用班队会时间使学生理解什么是诚实守信，什么是坚持不懈；懂得诚实守信、坚韧不拔等品质是中华民族的传统美德，也是每个少年儿童立身做人的基本道德准则；要做一个诚实守信、有毅力之人。
		七彩绘本（选修）	让学生学习、赏析优秀绘本，创作主题绘本，在赏析、改编、创作绘本的过程中提高语言运用能力，提升创新能力、想象能力与合作能力。
健康之乐	上学期	体能 校本	教授内容为身体上肢力量练习和双人合作跳绳。
		水中蛟龙	教授内容为蛙泳的基本动作。
	下学期	青出于"篮"	教授内容为篮球的规则和传接球。
		认识自我	使学生学会合作和信任。

课程维度	课程安排		课程内容
科学之真	上学期	神奇百草(上) (必修)	1. 草药的发展历史。 2. 认识中草药的名称。 3. 认识中草药的特征及用途。 4. 种植常见的中草药。 5. 中草药的采集和加工。
		身边的发酵食品 (选修)	1. 发酵食品的历史。 2. 发酵的原理。 3. 制作常见的发酵食品(面包、米酒、果醋、泡菜、酸奶等)。 4. 分享交流会。
		计算机小高手 (选修)	1. 基本软件的认识与学习。 2. 文字输入。 3. 电脑绘画。 4. 网页设计。 5. 利用 Office 软件制作作品。
	下学期	神奇百草(下) (必修)	1. 中草药的发展历史。 2. 认识中草药的名称。 3. 认识中草药的特征及用途。 4. 种植常见的中草药。 5. 中草药的采集和加工。
		小小科学家(物理类) (选修)	1. 神奇的磁铁。 2. 螺旋桨转起来了。 3. 小灯泡亮了。 4. 组装红绿灯。 5. 小车动起来了。
		Arduino 创意机器人 (选修)	1. 智能 LED 系列——关于 Arduino 的基础知识。 2. 智能风扇系列——关于 Arduino 基础知识的强化与深入。 3. 智能小车系列——关于 Arduino 机器人的综合运用。

续　表

课程维度	课程安排		课程内容
思维之活	上学期	"荟"用数学(上)(必修)	教学内容为小数点计算营、设计公平游戏、用方程解决与生活相关的数学问题等。(10课时)
		思维对对碰(选修)	教学内容为基于课本内容的思维拓展训练。(15课时)
		数学大求真(选修)	教学内容为基于数学故事或生活疑问的数学求真、求证。(15课时)
	下学期	"荟"用数学(下)(必修)	教学内容为设计新包装、生活大调查、数学小应用、建构小模型。(10课时)
		走近机器人(选修)	教学内容为以机器人结构设计、模块编程为平台的思维、逻辑、创新训练。(15课时)
		数学达人(选修)	让学生挑战数学难题,拓展思维训练。(15课时)
艺术之美	上学期	多彩和声	教学内容为多声部五线谱的认谱学习;视唱练耳练习,单音、音程、和弦的听唱;声部练习,和弦构唱、模唱;旋律模唱;合唱中的起声、循环呼吸、二部和声的配合。
		巧手剪纸	教学内容为分色剪纸、套色剪纸、染色剪纸、阴剪阳剪的基本方法。
		流行流唱	让学生了解通俗歌曲的唱法、曲种;学习当代音乐的流行走向。
	下学期	粤韵风华	让学生学习当地(广州)的音乐文化,了解粤剧。
		纸浆艺术	让学生将废旧纸张做成纸浆,染上缤纷色彩后进行粘贴造型。
		璀璨灯饰	让学生选择合适的纸材,运用适当的装饰手法做成灯饰。

六年级课程设置表

课程维度	课程安排		课程内容
人文之雅	上学期	笔落生风（必修）	教学内容为楷书和行书的笔画、结构。
		课本剧场（选修）	让学生编排小学的课本剧。
		励志教育（必修）	利用班队会时间使学生明白学习要靠勤奋，要有正确的学习态度，奋力拼搏，努力学习，争取好成绩。
		韵文诵读（选修）	让学生了解英文韵律节奏，通过 Jazz Chants 及经典英文动画片段的学习和朗读培养学生英文朗读的韵律感。
		美文美读（选修）	教学内容为经典著作的阅读与赏析。
	下学期	口吐莲花（必修）	教学内容为口才与演讲的训练。
		励志教育（必修）	利用班队会时间使学生明白学习要靠勤奋，要有正确的学习态度，奋力拼搏，努力学习，争取好成绩。
		美文美读（选修）	让学生了解升降调和意群、气群、停顿的规律，带有丰富感情色彩地读经典诗歌、短文。
健康之乐	上学期	体能 校本	教学内容为身体下肢力量练习和三人合作跳绳。
		你来我"网"	教学内容为网球的基本规则和传接球。
	下学期	金绳雅韵	教学内容为跳绳的交互跳法和"8"字跳法。
		了解自我	教学内容为心理抗压能力学习。
科学之真	上学期	工程与制作（上）（必修）	1. 介绍世界著名桥梁工程。 2. 制作桥梁模型。
		蓝天飞梦（选修）	1. 介绍航模的部件以及作用。 2. 滑翔机制作。 3. 四轴飞行器航拍。
		无线电测向（选修）	1. 无线电测向基础知识。 2. 无线电测向实践。

续　表

课程维度		课程安排	课程内容
	下学期	工程与制作(下)(必修)	1. 介绍世界著名建筑工程。 2. 制作建筑模型。
		小小科学家（化学类）(选修)	1. 化学实验基本操作规范。 2. 认识常用化学仪器、化学药品。 3. 15个化学实验。
		星空与星象(选修)	1. 介绍宇宙的有关知识。 2. 介绍星象。 3. 观察星象。
思维之活	上学期	玩转数学(上)(必修)	1. 运算定律、分数与小数四则混合运算。(2课时) 2. 分率与百分率比。(3课时) 3. 工程问题、行程问题、分段问题、复合问题。(3课时) 4. 圆以及组合图形的面积。(2课时)
		理财小能手(选修)	要求学生捕捉生活中的数学现象，挖掘数学知识的生活内涵，解读小学数学与生活中的理财知识的内在联系，让学生从小树立生活理财的观念，培养学生理财的能力。
	下学期	玩转数学(下)(必修)	课本基础上的拓展训练： 1. 生活中的百分数。(2课时) 2. 圆柱与圆锥。(3课时) 3. 比例。(3课时) 4. 鸽巢问题。(2课时)
		阶梯数学(选修)	小升初衔接数学知识： 1. 数系扩张有理数。(4课时) 2. 代数式。(2课时) 3. 发现规律。(2课时) 4. 一元一次方程。(2课时) 5. 概率初步。(2课时) 6. 几何初步。(2课时) 7. 生活中的数学。(1课时)

课程维度	课程安排		课程内容
艺术之美	上学期	绘声"荟"唱	教学内容为合唱声部的发声练习,多部发声练习;三人及二人的多声部练习;小组卡农演唱练习。
		变废为宝	要求学生欣赏以"环保"为主题的海报并学习其设计方法,应用废旧材料制作一件环保小工艺品。
		戏剧魅影	要求学生欣赏音乐剧形式的电影,了解音乐剧的剧种,编写小剧本。
	下学期	舞动青春	要求学生参与音乐剧排练,了解不同音乐风格的编配。
		丽服华冠	要求学生利用各种不同的彩纸,通过折、剪、贴来制作立体帽子。
		Fashion Show	要求学生以绘画的形式,创作不同款式的服装。

四　学校课程实施：享受成长的美丽

学校课程实施的主要阵地是课堂。我校"花园式课程"实施的主要途径是"幸福课堂"。"幸福课堂"是追求高雅的课堂。课堂遵循教育规律和学生成长规律,大力弘扬中华优秀传统文化,推动社会主义核心价值观进教材、进课堂、进头脑,在课堂中培养学生高尚的道德情操,扎实的中华文化底蕴,开阔的国际视野。"幸福课堂"是崇尚健康的课堂。健康第一,快乐至上。拥有强健的体魄和健康的身心,才能体会到快乐,感受到幸福。"幸福课堂"让学生在运动中锻炼身体,愉悦身心,体验成功,获得自信;在课堂上努力营造健康、轻松的学习氛围,让学生学会与人相处,学会与同伴合作。"幸福课堂"是探寻真理的课堂。课堂以学生为主体,用自主、合作、探究的学习方式与启发、讨论、参与的教学方式,培养学生扎实的科学文化素养,激发学生热爱学习、勤于思考、勇于实践、大胆创新,从而不断追寻科学真理。"幸福课堂"是享受美丽的课堂。美,无处不在。建筑、音乐、舞蹈、服饰、陶艺、饮食、装饰、绘画……处处蕴含着美。"幸福课堂"是引导学生关注美,提高学生的审美情趣,让学生不断追求美、享受美的课堂,真正促进与实现学生的和谐发展、幸福绽放。学校课程实施采用"必"、"选"并举的形式,促进"花园式课程"全面落实,为学生的全面发展提供一些展示的舞台,也给学生的个性张扬提供一些机会。

(一)"人文之雅"课程实施

培养学生"听、说、读、写"四种基本技能是语文教学的永恒目标。《义务教育语文课程标准(2011年版)》中对这四种基本技能有着明确而具体的训练目标。结合课程建设目标,"人文之雅"课程实施的总体指导思想是:将写字教学课程、经典诵读课程、"六育"并举课程及英语类课程融会贯穿在六年的小学教学中。其中,写字教学在低年级开设"'铅'言'铅'语"、"横平竖直"两门课程,注重培养学生按笔顺规则用硬笔书写规范汉字;在中年级设置"笔墨生花"、"书韵芳菲"两门课程,让学生初步了解汉字形体的发展演变过程;在高年级开设"笔落生风"课程,主要围绕汉字的笔法和结构展开教学。经典诵读教学在低年级主要通过故事、童谣培养学生的学习兴趣;在中年级设置"诗意达人"、"撷英采华"、"荟诗·诗汇"三门课程,以经典诗词学习为主;在高年级开设"美文美读"、"童心童诗"、"'遇'言不止"、"课本剧场"、"口吐莲花"几门课程,让学生进一步感受文字之美。"六育"并举课程则在低年级侧重使学生了解在校的文明礼仪;在中年级,主要是节庆传统教育和感恩教育;在高年级,主要是品质教育和励志教育。

(二)"健康之乐"课程实施

"健康之乐"系列课程由"金绳计划"支持,借助校内外的培训机构开展丰富的校内体育,如"捷足先登"、"活力篮球"、"魅力地壶"、"水中蛟龙"、"你来我'网'"、"武林盟主"、"'羽'众不同"、"动感啦啦"等课程,通过"跃"、"学"、"健"、"智"、"互"等实施形式,从小学一年级开始发展学生的核心力量、腿部力量、身体的协调性,从而促进各项体育运动发展,发展学生的兴趣爱好,增强学生的体质健康,使学生学有所长、学有所乐、幸福成长。

(三)"科学之真"课程实施

培养学生的科学素养的重要手段就是"实践",利用好多种实践途径对课程的实施尤为重要。让学生积极参与、亲身经历丰富多彩的科学活动,通过"看一看、做一做、玩一玩、想一想"，让他们的眼、耳、鼻、舌、身多种感官共同参与，培养学生的科学思维能力、问题解决能力、合作与交流能力和科学精神与态度。

根据学生年龄特点以及兴趣爱好，校内开展课外兴趣活动。一、二年级学生以班级为单位，参加"农业科普"、"科学幻想画"、"科学家的故事"、"垃圾分类"、"蔬菜种植"等入门课程，参与简单的科技制作。三年级以上的学生，可以根据自己的爱好，结合学校开展的科目选择进阶课程，如"园林之美"、"创意设计"、"循迹小车"、"养蚕达人"、"科普讲堂"、"身边的发酵食品"、"计算机小高手"、"Arduino 创意机器人"、"蓝天飞梦"、"无线电测向"等。每年 11 月是我校的科技月，校内举办科技小制作、小实验、小发明、"大篷车进校园"等多种科普竞赛和学习活动，以带动学生"学科学，玩科学"的热情。科技月不仅是一个检视学生科学素养的平台，更是一个展现学生亮点的舞台。

除此之外，我们把校外的资源引入校内。我们以学生为主体，由校科技辅导教师与家长共同组织课外科技实践活动，带学生参观科技教育基地、观看科技视频、听科普知识讲座等，提升学生的科技创造能力。

（四）"思维之活"课程实施

"思维之活"课程分"有趣的数学"、"有味的数学"和"有用的数学"三个阶段来实施。数学认知、数学思想、个人发展是构建小学数学核心素养的三个维度。结合课程建设目标，"思维之活"课程实施的总体指导思想是：一、二年级的教学主要是让学生体验学习乐趣，培养学生学习数学的兴趣，引领学生走进数学王国，激发学生探索数学奥妙的欲望；三、四年级的教学主要是通过数学名家的故事、数学简史、经典数学问题等课程内容，让学生在品味数学文化的同时，初步了解、建立数学思想，掌握简单的数学方法；五、六年级的教学则突出"学以致用"的思想。数学源于生活，服务于生活。把生活中的问题抽象成数学问题，同时把数学知识应用到解决生活问题中去，在这一来一往的过程中让学生体验数学的实用性，逐步学会"用数学的眼光观察世界，用数学的思维分析，用数学的语言表达世界"。

（五）"艺术之美"课程实施

艺术课程不仅是传递知识的载体，同时也是内塑修行，滋养心灵，让心灵之花得以绽放的旅程。我们每周开设特长专业课程。教师可对艺术特长生进行重点培养，这些优秀的学生分散到各班后将起到引领和榜样的作用,从而带动各自班级的艺术专业发展。学校每年举办艺术节,组织多种艺术竞赛,如绘画比赛、手工贴画比赛、书法比赛、舞蹈比赛、才艺秀等,用各项活动的开展来带动学生"学艺术,玩艺术"的热情。艺术节不仅是一个检视学生艺术素养的平台,更是一个展现学生亮点的舞台。我们积极参与全国、省、市、区级各类艺术活动与比赛,在收获各项比赛荣誉的同时提升了学生对艺术学习的信心与热情,这也是学生升学的有力保障。

苏霍姆林斯基曾说过:"在教学大纲和教科书中,规定了给予学生各种知识,但是却没有给予学生最重要的东西,这就是:幸福。理想的教育是:培养真正的人,让每一个从自己手里培养出来的人都能幸福地度过一生。这就是教育应该追求的恒久性、终极性价值。"围绕"幸福就像花儿一样"的办学理念,我们努力培育"雅乐真活美"的现代少年,真正促进与实现学生的全面发展。

第一章 人文之雅：进入唯美缤纷的语言世界

人文即人之文化，是人类文化中最温暖的成分，是人类文化的基因，是万物的尺度，是人类智慧与精神的载体……人之所以是万物之灵，就在于人有人文，有自己独特的精神文化。"人文之雅"课程旨在促进儿童人性境界的提升、理想人格的塑造以及个人与社会价值的实现。其核心是让儿童进入唯美缤纷的语言世界，经由语言学会理解世界，理解人性，从而涵养人文精神。

"人文之雅"课程具有重大意义与价值。该课程能丰富学生的知识储备和培养学生的审美情趣；能培养学生进行深入的思考，有个人的观点，并能够有条理地陈述、表达，初步形成个人价值观，有家国意识，尊重个性独立和个人见解，养成积极的生活态度；能培养学生具有良好的语言欣赏、朗读、运用能力，进而培养学生的创新精神和批判能力。不仅如此，"人文之雅"课程还能培养学生良好的学习习惯，明礼懂礼，具备基本的礼仪和公民素养，举止文明，心存感恩，有互助意识，能将"仁义礼智信"传统准则内化吸收，并在日常生活中践行。"人文之雅"课程还能通过优秀文化的熏陶感染，促进学生和谐发展，使他们提高思想道德修养和审美情趣，逐步形成良好的个性和健全的人格。

"人文之雅"课程包括广博的文化知识滋养、高雅的文化氛围陶冶、优秀的文化传统熏染和深刻的人生实践体验等，通过多种途径培养学生的人文精神，使学生成为具有高雅情趣、家国情怀、国际视野的人。"人文之雅"课程内容丰富，主要包括写字教学课程、经典诵读课程、"六育"并举课程以及英语的字母韵律课程、拼读课程、绘本课程，这些课程贯穿在六年的小学教学中，分别在低、中、高年级开设课程，每个年级分别提出年级目标与内容。

写字教学课程的目的是培养学生正确书写的姿势,使学生掌握汉字的基本笔画的书写方法,初步了解汉字基本的字形结构,形成对汉字学习的浓厚兴趣,养成主动识字的习惯,初步养成通过字形分析字义的能力。经典诵读课程分别通过经典文本和富有地方特色的粤语读本让学生感受经典文字的魅力。西方哲学家苏格拉底认为,人的本性是渴求幸福,其方法是求知、修德、行善。"人文之雅"课程中关于品德培养的部分主要体现在"六育"并举课程当中,其教学目的是让学生明理懂礼,举止文明,心存感恩,有互助意识,能将"仁义礼智信"传统准则内化吸收,并在日常生活中践行,初步形成个人价值观,有家国意识,养成积极的生活态度。字母韵律课程,一是以多媒体资源和字母的故事、动画、游戏为媒介,对学生的英语口语教材进行校本开发,根据学生的实际情况适当增减内容;二是以课外经典英文童谣的音频材料为媒介,由学生对童谣进行演唱和表演来输出学习内容。拼读课程以拼读的动画、视频和书籍为媒介,以对动画、视频及自然拼读教材的学习为输入,以教师的字母拼读教学示范为引导,以学生利用拼读规律进行拼读单词为输出。绘本课程以绘本阅读为载体,让学生结合音频、视频和图片、演示课件等材料进行故事绘本创作,并将成果在班级或校园内展示。

"人文之雅"课程是追求高雅的课程。课堂遵循教育规律和学生成长规律,大力弘扬中华优秀传统文化,推动社会主义核心价值观进教材、进课堂、进头脑,在课堂中培养学生高尚的道德情操,扎实的中华文化底蕴,开阔的国际视野。课堂以学生为主体,运用自主、合作、探究的学习方式与启发、讨论、参与的教学方式,培养学生扎实的科学文化素养,鼓励学生热爱学习、勤于思考、勇于实践、大胆创新,从而不断追寻科学真理。该课程主要实施方法有四种。一是通过开展兴趣小组和社团活动,以活动作展示,让学生自由选择感兴趣的活动去参加,"必"、"选"并举,激发他们的学习兴趣。二是充分利用班队会、校园读书节和校园科技节等活动,使学生充分了解并参与到"人文之雅"课程中去,进而内化为习惯和能力。学校会根据实际的节日和情况开展品质教育,以校本课程中的"六育"并举作为素材,内化为学生的习惯;也会利用读书节和科技节,让学生展示自己在校本课程中的所学所获,比如书法展示、经典诵读表演、绘本创作等。三是结合市、区开展的各种活动以及《小学生日常行为规范》,使"人文之雅"课程渗透到学生的日常中去。四是开展春季、秋季社会实践活动、游学研学活动，让学生将"读万卷书，行万里路"的内涵在实践中深刻体会和运用，并提升为自身的素质。

人文，即人之文化。文化是一个国家、一个民族或一群人共同具有的符号、价值观及其规范。符号是文化的基础，价值观是文化的核心，规范——包括习惯规范、道德规范和法律规范——则是文化的主要内容。人文的核心是"人"，是人类文化的一种基因，是人站在自身或者其他的角度，用自己或别人提出的方法，对世界中已知或未知存在的客观事物或现象，进行理性的思考而总结出来的符合世界发展规律的，又能被大众接受的，属于个人主观的知识点。"人文之雅"课程的核心是让儿童进入唯美缤纷的语言世界，经由语言学会理解世界，理解人性。

综上所述，"人文之雅"课程内容丰富，中西融会。它不但向学生传授了中西文化知识，培养学生能力，还通过优秀文化的熏陶感染，促进学生和谐发展，使他们提高思想道德修养和审美情趣，逐步形成良好的个性和健全的人格，做一个情趣高雅，拥有家国情怀、国际视野的人。

（执笔人：李国英　谢晓瑜　黄小艳）

课程 1-1

礼尚往来

适合对象： 一年级学生

 一、 课程背景

礼仪是人们在社会交往活动中的行为规范与准则。"少成若天性,习惯成自然。"良好的礼仪和品格是人一生成功的基础,是人之初的必修课。一年级是进行思想品德教育的启蒙时期,从小培养学生懂得文明礼仪,学生将终身受益。

从个人修养的角度来看,礼仪可以说是一个人内在修养和素质的外在表现。从交际的角度来看,礼仪可以说是人际交往中的一种艺术。从传播的角度来看,礼仪可以说是在人际交往中进行相互沟通的技巧。要让学生带着礼仪走向社会,传承中华民族的传统美德。

本课程的理念是：**懂礼仪,养习惯**。开展礼仪教育,使学生增强自信心,学会尊重他人,理解他人,从而被他人接纳,学会与人交往,形成健全的人格。

 二、 课程目标

1. 学习礼仪知识和礼仪规范,懂得如何与人相处、交往、合作,广交朋友。

2. 在学习、生活的各个细节中养成良好的习惯,保持高思想道德素养和良好的精神面貌。

三、课程内容

本课程的内容主要围绕礼仪知识的学习和运用，具体包含以下三个模块的内容。

（一）校园礼仪

1. 交谈礼仪与技巧

学生与人交往时，注意交谈礼仪和技巧，并且熟练运用文明礼貌用语。遇到老师和同学主动打招呼，用询问的语气征求他人意见，时刻把"请"字挂在嘴边。与人交谈时，谈吐大方，不扭捏、不躲闪。在别人讲话的时候，正视对方，认真倾听，不随便插话或打断对方。说话轻声细语，不说粗话或脏话。熟练运用文明用语，问候语如"早上好"；迎送语如"欢迎"、"再见"；致谢语如"谢谢"；道歉语如"对不起"、"抱歉"；应答语如"没关系"、"不客气"，等等。

2. 课堂礼仪

在课堂上遵守纪律，养成好习惯，如上下课起立，立正向老师行注目礼并问好；发言前先举手，安静等待；发言时口齿清楚，音量适度；安静倾听同学发言。在课堂上保持正确身姿，如端正的坐姿是头摆正、上身坐直、脚平放于地面；端正的走姿是抬头、挺胸和收腹，双眼平视前方，双臂自然地摆动，脚尖朝正前方迈出；读书、写字时做到胸离桌一拳，眼离书一尺，手离笔尖一寸。

3. 校内公共场所礼仪

升国旗时，做到立正站好，安静地向国旗行注目礼或少先队队礼，准确、响亮地奏唱国歌。不论在什么场所，只要听到国歌奏响或者看到在升降国旗，立刻在原地立正站好。集会时，进退场保持良好秩序，不喧哗或拥挤，不迟到或早退；适当的时候热烈鼓掌；认真听讲，不随意讲话或走动。进出教师办公室做到有礼貌，进办公室前，先轻声敲门，经允许后方可进入；在办公室内，未经同意，不随意触碰物品。课间严格遵守纪律，在校内做到不追逐打闹、大声喧哗，上下楼梯靠右行，互相礼让。

（二） 家庭礼仪

保持良好的卫生习惯。外出归来、饭前便后、摸过脏东西后，做到自觉洗手。每天自觉整理仪容仪表，做到干净、整洁。出门前自觉做到校服穿戴整齐，端正地佩戴好红领巾和队徽，头发梳理整齐等。自觉整理个人物品，比如整理书包、课桌、床铺等。

餐桌礼仪。在餐桌上做到尊敬长辈、懂礼貌、懂谦让，主动帮助长辈摆放餐具；等长辈、客人坐好之后才入座；不用筷子指点他人，不用筷子敲击物品；注意仪态，做到细嚼慢咽。

做客和待客礼仪。作为客人时，提前告知对方自己做客的时间并且做到守时；进门之前先敲门，在获得允许之后再进入；进门后，自觉礼貌地用适当的称呼问好；告别时，向主人家中的每一个人告别。作为主人时，在客人来到之前，自觉收拾房间并注意个人的仪容仪表；接待客人时主动礼貌地用适合的称呼问好；对客人热情有礼；客人告辞时礼貌道别。

（三） 社会礼仪

问路礼仪。问路时，使用礼貌用语，如"对不起，打扰您一下，请问……"，并选用适当的称呼；问路结束前应礼貌道谢。如果被陌生人问路，则应认真、仔细地回答。

电话礼仪。打电话时，使用礼貌用语；讲话时，吐字清晰，声音洪亮，语速适中；注意打电话的时间；不打恶作剧电话或骚扰电话。

交通礼仪。候车时，自觉排队，有秩序地上下车；乘车时，做到文明有礼，自觉保持车厢洁净，主动给老、幼、病、残、孕等乘客让座；注意乘车安全，在车上不做危险动作。

公共场所礼仪。在公共场所，如图书馆、公园、博物馆、体育馆等，讲究社会公德，不大声喧哗、随地吐痰、乱扔垃圾。遵守交通法规，过马路走人行横道。遵守公共秩序，爱护公共设施、文物古迹，爱惜庄稼、花草树木，保护有益动物和生态环境。

 四、 课程实施

本课程共计 15 课时，每课时 40 分钟。本课程在实施过程中要遵循三条原则。一

是具体化原则。根据小学生的心理特点,课程的要求必须具体明确,使学生学得会、做得到、记得住,使礼仪常规动态化。二是互动性原则。礼仪教育要注重师生的互动,只有教师言传身教,讲究礼仪常规,才能带动学生明礼;只有师生快乐互动,才能营造礼仪教育的良好氛围。同时,还需要在教师之间、学生之间、家校之间等形成互动影响,以此构成礼仪教育的合力。三是实践性原则。学习方式应以学生的实践为主,用多种活动形式让学生把礼仪知识运用到生活中。具体实施方法如下。

（一）　视听展现

组织全班学生每周听礼仪知识讲座和观看动画片,然后分组交流心得,让学生直观地认识最基本的礼仪知识。

（二）　举行活动

在班里举办主题为"讲文明,懂礼仪"的表演比赛和讲故事比赛,让学生自编自导关于礼仪常规的小品,如《问路》、《同桌之间》、《放学以后》、《课间》等。

（三）　模拟交流

在教学过程中,通过角色扮演和情景重现,让学生边做边学,理论与技能并重,较好地实现师生互动,提高学生的学习兴趣和学习效率。

（四）　实践体悟

通过课后作业的布置和评比,如比一比谁最会摆碗筷,比一比谁收拾书包又快又好,给长辈打电话问候等,学生巩固、丰富和完善所学知识,培养解决实际问题的能力。

 五、　课程评价

根据礼仪规范设计个人评比榜"礼仪花园"和小组评比榜"礼仪之林",内容分为课堂礼仪、课间礼仪、公共场所礼仪、家庭礼仪（作业汇报）四大方面。

（一）　建造"礼仪花园"和"礼仪之林"

班干部依据评比细则（如下表）每日检查每个学生的礼仪规范,做得好的学生可以在个人评比榜"礼仪花园"上贴一朵小花。以个人每周所得的小花数量为依据，每周班会课进行个人评比。如有学生出现不规范的行为，则该学生不能加分，并需请该学生所在的四人小组共同帮助其改正。

以四人小组成员所得的小花数量之和作为小组评比的依据，每周班会课上进行小组评比，评出五个最佳礼仪小组，它们能够在小组评比榜"礼仪之林"上栽种"礼仪之树"。

礼仪之林	姓名 ＼ 内容		礼仪花园			
			课堂礼仪	课间礼仪	公共场所礼仪	家庭礼仪
	第一小组：××组	学生1				
		学生2				
		学生3				
		学生4				

（二）正向互评

每周班会课上加入个人推荐的环节，让学生推荐自认为最有进步的同学和小组，并为这些主动推荐和被推荐的学生加小红花，从而让学生学会发现他人的优点，互相肯定和赞美。

（三）评选"礼仪之花"和最佳礼仪小组

每学期开展一到两次的礼仪小品表演活动，每周班会课上评选五个最佳礼仪小组以及"最美身姿的礼仪之花"、"最会倾听的礼仪之花"、"最懂礼貌的礼仪之花"、"最有爱心的礼仪之花"、"笑容最灿烂的礼仪之花"、"最暖心的礼仪之花"、"最整洁的礼仪之花"等。最佳礼仪小组能在"礼仪之林"中栽种和浇灌各自的"礼仪之树"。

（执笔人：顾晓桐）

课程1-2

节日万花筒

适合对象：三年级学生

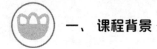

一、课程背景

中华传统节日包括春节、元宵节、清明节、端午节、七夕节、中秋节、重阳节等。这些节日依托自然规律的变化，连接起来就是一幅丰富而浪漫的历史文化长卷，多姿多彩，令人陶醉。中华传统节日作为中华传统文化中的重要组成部分和表现形态，千百年来经久不衰，历久弥新。它以一种潜移默化、寓教于乐的形式，来展示中华民族的精神世界，表达着中华民族对美好的理想、智慧与伦理道德的追求和向往，是弘扬中华民族优秀传统文化和传承中华传统美德的重要载体。

传统节假日教育通过校本课程的开发与研究，使师生在学习中了解传统节日习俗，学习节日文化，树立国家意识，增强民族自豪感，自觉弘扬民族文化，传承民族精神。校本课程的开发研究过程中，开展丰富多彩的传统节日文化教育、宣传活动，挖掘传统节日文化的内涵，营造浓郁的传统文化教育氛围，从而进一步建设校园文化，提高学校的教学质量，凸显学校的特色教育，提升学校的形象。

本课程的理念是：**过缤纷佳节，品传统文化**。本课程针对三年级的学生，从形式多样的中国传统节日中选择影响深远的几个节日作为代表，从民俗与文化传承的角度介绍节日的由来与传说、相关的习俗与诗词等。学生在课程中了解、熟悉传统节日文化，适当积累与传统节日有关的古典诗词，感受中国优秀传统文化的魅力，并在生活中由衷地喜爱、热心参与这些真正属于大众的节日，享受节日带来的真切而又自然的快乐。

二、课程目标

1. 了解各个中华传统节日的由来与传说，感受中华传统文化的魅力，体验传统节日的风俗习惯。

2. 通过学习与实践，提升对社会与文化的参与度，尊重并学习不同地域的文化，增强社会责任感和民族自豪感。

三、课程内容

本课程以感受传统节日文化为主题，内容分为两大模块。

（一）了解不同节日的由来及各地的风俗习惯

教师梳理出春节、元宵节、清明节、端午节、七夕节、中秋节、重阳节、冬至节等节日知识，通过开设传统文化课程，让学生对传统节日的来龙去脉有一个清晰的认识。具体传统节日课程内容如下：中国传统节日综述，"春节——总把新桃换旧符"，"元宵节——流光溢彩闹花灯"，"清明节——寒食东风御柳斜"，"端午节——年年端午风兼雨"，"七夕节——七夕今宵看碧霄"，"中秋节——但愿人长久，千里共婵娟"，"重阳节——每逢佳节倍思亲"，"冬至节——冬至阳生春又来"。借助古代诗词、文学作品、神话传说，扩大学生的阅读面，使他们积累与节日有关的成语典故、趣联妙对、古诗词名句、谚语、歇后语等，有助于学生了解传统节日的文化内涵。

（二）开展主题活动，展示学习成果

学生交流学习心得和成果展示，如"传统节日知多少"、"传统在身边"、"我与传统节日"等。过节之前，引导学生上网查找、收集各种节日的由来及相关传说，了解中国各地传统节日习俗。过节时，鼓励学生制作贺卡、小报，讲民俗故事，开展礼仪表演，举行节日饮食大比拼……让传统变得有声有色，让民俗变得可亲可近，使学生对中国传

统节日充满温情和敬意，过属于自己的传统佳节。

 四、 课程实施

本课程实施之前教师应该有所准备：精心备课，选取优秀的传统节日风俗视频供学生鉴赏，选取适合学生的简单有趣的传统节日文化知识供他们参考。本课程用时10课时。

在本课程实施过程中要遵循两条原则。一是将学生实践体验与教师点拨指导相结合。教学活动中，应给予学生较大的自主权，最大限度地发挥学生自己的主观能动性。教师的主要任务是给予指导和帮助。教师的作用贯穿于整个活动过程。二是将知识性与趣味性相结合。在教学活动实施过程中，要针对学生的年龄及心理特点，以形象、具体、生动、活泼的形式开展活动，努力设计富有趣味性的教学方式让学生学有所得、学有所乐，使他们在愉快的氛围中增长知识与才干。

教学过程中要以学生的需求和自身体验为基础来展开课程，学生在课堂上既能吸收跟传统节日有关的文化知识，又能自如地表达和展示自己的文化感受，通过师生、生生的相互交流，使每个学生在这堂课上能有所收获。具体实施方法主要有以下几种。

（一） 课前探究法

在新课之前，学生以小组为单位完成传统节日知识的收集。每个小组有四或五人，每组先推选一人为小组长，负责任务的布置以及信息的汇总；任务细化到个人，小组内有人负责收集节日的起源与故事，有人负责收集节日的演变，有人负责收集与节日有关的风俗习惯、地方特色等；最后共同将收集到的信息资料汇总。

（二） 分享交流法

上课时，小组之间分享交流收集到的节日资料，看哪个小组收集的资料最翔实，同时各小组也可以相互补充。然后每个小组分享一个和节日有关的知识，大家可以用讲故事、展示图片、播放视频、介绍书目等方式来分享。在分享交流时，学生需要注意自己的仪态、表情、语速、声响，在分享知识的同时也可提高自己的口头表达能力。

（三）教师点拨法

学生通过自主学习，对本课要学习的节日已经有初步的了解。但学生掌握的知识还有些碎片化，需要教师帮助进行梳理串联。许多传统节日风俗习惯与古代当时的社会环境有密切关系，学生可能只知其文化现象，而不知其后面的原因和实质，这就需要教师的点拨，这样学生理解传统文化才能更深入，印象才能更深刻。教师点拨关键知识并及时补充相关知识，学生对这些知识也能畅所欲言地去表达自己的看法和体会，这才是优秀的课堂教学。

（四）成果展示法

学生的展示是多样的，既有口头的展示，如课堂上的小组讨论、全班发言，又有书面的展示，如学生在课前搜集资料时用课堂笔记本罗列知识点，定期制作主题手抄报，节日制作贺卡；既有课堂内的展示，又有课堂外的展示。通过展示，使节日与学生的生活相融合。

 ## 五、课程评价

结合课程目标及学生在活动过程中的表现，进行生长性评价和星级式评价。具体做法如下。

（一）生长性评价

生长性评价主要考查学生在参与此课程后综合能力和基本素养的发展情况，结合校内外的多种资源，提供学生展示的平台。

校内	校外
节日手抄报	电台报社
黑板报	社区展示
作品展览	成果汇编
主题队会	学校间的交流与沟通

　　然后借助评价表格，采用学生自评与互评相结合，教师评价、家长评价与学生评价相结合，定性评价与定量评价相结合的方式进行评价。评价的内容分为：主题生成过程中的参与积极性；实践过程中的自主探究能力；小组合作协同能力；活动成果的表述；活动过程中的情感体验。如果是课外活动，要求家长在观察学生的过程中，积极参与对学生的生长性评价。学生是在活动中逐渐成长起来的，因此在学习的各个环节都要予以鼓励与评价。

主题实践活动学生自主评价记录表

活动主题					姓名	
评价项目		👍	🙂	😐		指导老师对你说
佳节常识	自评 互评					
信息搜集	自评 互评					
佳节体验	自评 互评					
合作交流	自评 互评					
成果展示						
实践体验：						
家长寄语：						

（二）　星级式评价

　　在星级式评价中，根据学生参与活动的情况和学生掌握课程内容的情况设星级评比制进行评价,其评价结果放入学生的成长记录袋内。

姓名		来自小队	
	想一想，再涂色		议一议，再打分
参与星	☆ ☆ ☆ ☆ ☆ ☆ ☆ ☆ ☆ ☆	全程投入	
动手星	☆ ☆ ☆ ☆ ☆ ☆ ☆ ☆ ☆ ☆	实践能力	
创意星	☆ ☆ ☆ ☆ ☆ ☆ ☆ ☆ ☆ ☆	创造能力	
合作星	☆ ☆ ☆ ☆ ☆ ☆ ☆ ☆ ☆ ☆	合作能力	
评定人：			

（执笔人：张　梅）

课程 1-3

修身立志

适合对象： 五年级学生

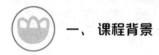 **一、 课程背景**

中国是一个具有悠久历史的文明古国,中华民族以刻苦耐劳著称于世,在漫长的历史进程中,无数炎黄子孙世代相传,形成了博大精深的传统美德,成为中华民族宝贵的精神财富。可是近些年来,在商品经济发展的大潮中,社会上出现了一些不良的道德倾向,如见利忘义、损人利己、好逸恶劳、贪图享受、个人利益第一等。这些思想在青少年中也有所体现,如学习缺乏正确动力、以我为中心、自私自利、追求享受、追求"名牌"用品等。因此,对中小学生进行品质教育,是摆在我们教育工作者面前的一项艰巨而光荣的任务。基于《中小学生守则(2015 年修订)》的具体要求和社会主义核心价值观的"三进"工作,把品质教育列入学校课程计划是时代的需要。

"品质"即人的素质。一个人的素质包括他的健康、智商、情商以及知识、文化和道德素养等。古人云:"修身、齐家、治国、平天下。"把"修身"放在第一位,足以说明加强个人自身修养是首要的,先学做人,然后才能做事。古希腊哲学家赫拉克利特说过:"一个人的品质就是他的守护神。"可见品质的重要性。

本课程的理念是: **养品质,立志向**。学生通过学习、了解、恪守做人做事的基本素养,培养优秀的品质,打造自己健全的人格,树立阳光、坦荡的学子风范,弘扬中华优秀文化,传承中华传统美德,培育中华民族精神,成为有理想、有追求的社会主义接班人。

二、 课程目标

1. 初步了解影响人更好发展的优良品质有哪些,知道现阶段需要培养自己哪些方面的品质,做到有的放矢。

2. 知道一些有社会影响力的成功人士背后的故事,研究是哪些优秀的品质影响着他们。

3. 参与主题辩论、事件辨析、情境模拟等活动,切身体会品质对人的影响。

 三、 课程内容

本课程针对五年级学生。通过之前各年级的礼仪教育、公民教育、节庆教育、感恩教育之后,学生已经具备了一定的优良品质,而本课程主要涉及以下品质:爱国的品质、自信的品质、认真的品质、守信的品质、独立的品质、宽容的品质、坚强的品质、担当的品质、惜时的品质。重合部分是相关品质的再度提升。本课程具体内容分为两个模块。

(一) 品质的分类

学生主要通过了解优劣品质的种类,得出促进人向善向美成长的品质有哪些。优秀的品质包括:自尊自立、自信乐观、坚韧勇敢、积极进取、认真负责、诚实守信、善良宽容、谦逊孝顺、乐于分享、热爱生命等。低劣的品质包括:自私自利、鼠目寸光、唯利是图、忘恩负义、小肚鸡肠、见利忘义等。

(二) 品质的力量

学生主要通过了解9个名人的故事,找出名人成名过程中品质因素的影响,并对其进行归纳和总结。9个名人故事分别是:美国"建国之父"华盛顿的故事、丘吉尔与弗莱明的故事、英国政坛铁娘子撒切尔夫人的故事、匡衡凿壁偷光的故事、唐伯虎潜心学画的故事、朱元璋放牛读书的故事、林则徐对联立志的故事、文天祥少年正气的故事、周恩来三次付饭费的故事。

学生通过分享故事，知道优秀的品质能引导自己养成良好的基本道德素质和行为习惯；能提高自己明辨是非、区别善恶的道德认识水平；能陶冶自己爱国爱民、尊敬师长、孝敬父母、团结友爱的道德情感；能培养自己立志勤学、求索攻坚的道德意志；能养成自己天下为公、诚实守信、谦虚礼貌、律己宽人的道德行为。

 四、 课程实施

本课程实施主要分两个部分，一是前期的准备工作，二是课堂的教学活动。前期准备主要是教师提早对品质的种类进行归纳，对名人故事进行搜集和整理，对辩论观点进行梳理，对社会案例进行分析和剧本创作，同时对搜集的资料进行专题整合从而形成课堂教学执行方案。而在课堂的教学中，主要通过翔实的人物故事、主题辩论、事件辨析、情境模拟等活动，展示品质教育对人成长的意义。课程共计 18 课时。具体实施方法如下。

（一） 讲授辨析法

提前布置学生搜集了解优劣品质的种类的任务，使他们知道现阶段需要培养自己哪些优秀的品质、需要摒弃哪些低劣的品质，逐步培养学生明辨是非、区别善恶的能力。

（二） 讨论归纳法

开展故事分享会，请学生讲述之前搜集到的 9 个名人的故事，分组讨论找出名人成长过程中品质因素的影响，了解优秀品质的促进作用和低劣品质的阻碍作用，初步学会归纳和总结。

（三） 辩论明晰法

在了解了影响人成长的品质之后，通过主题辩论和事件辨析等形式让学生切身体会到优秀品质的积极作用。教师确定辩题,辩题如"吃亏是傻还是福(责任担当)"、"日货该不该抵制(理性爱国)"、"电视该不该看(独立守信)"、"家长的话听不听(如何尊老)"等,再根据抽签结果选出正反两方,主要通过正反方翔实的论据来支撑各自的论点,辨识优劣品质背后的真善美与假恶丑,让学生在心灵上有向上向美的强烈愿望。

(四) 现场演绎法

在此前学习的基础上,通过观看真实的事件报道,要求学生分组选择某种品质进行剧本编写,模拟演绎,加深对优劣品质的理解,达到品质的升华,在此过程中,教师要给予一定的指导和帮助。

五、 课程评价

在评价思想上,结合课程目标及学生在活动中的表现,坚持以学生为主体,注重过程性评价和激励性评价,关注个性特色评价。具体评价方式如下。

(一) 积分制评价

参与实践活动评价(自评):收集本课程的 9 个品质故事,你收集到了几个? 收集 9 个及以上获 5 颗星,收集 4—8 个获 3 颗星,收集 0—3 个获 1 颗星。

品质教育资源收集评价表(自己评)

学生姓名	收集 9 个及以上名人故事信息	收集 4—8 个名人故事信息	收集 0—3 个名人故事信息

(二) 评选制评价

根据辩论的参与度、辩论的技巧以及辩论时的表现,评选出"明辩之星":"最佳辩手"(辩论时条理清晰,有理有据)、"最积极参与选手"(积极参与辩论,善于思考)、"沉着冷静之星"（辩论时沉着冷静，能及时应对突如其来的问题）、"合作之星"（具有合作精神，积极参与辩论）等。

现场演绎环节需要团队合作、剧本创编、配合演绎，根据学生的参与度以及现场效果，评选出以下"品质之星"："最佳剧本"、"最佳导演"、"最佳女主角"、"最佳男主角"、"最佳团队奖"、"最具潜力奖"等。

（执笔人：谢晓瑜）

课程 1-4

荟诗·诗汇

适合对象：四年级学生

 一、课程背景

我国古典诗词博大精深,灿若繁星,很多传世佳作内涵深刻,意存高远,包含了很多哲理。学习古典诗文,有助于继承我国古代优秀文化,树立民族自豪感,陶冶情操,加强修养,丰富思想,提高审美能力。

《义务教育语文课程标准(2011 年版)》强调教师在语文教学过程中要适当增加学生的阅读量,并明确提出让学生"认识中华文化的丰厚博大,汲取民族文化智慧","培养热爱祖国语言文字的情感","语文教学要重视对学生古典文化积累","学段目标"更明确要求义务教育阶段学生应该完成不少于 405 万字的阅读任务,其中小学阶段应该完成 145 万字,还要求一至六年级学生背诵古今优秀诗文 160 篇(段)。可见经典诵读对基础教育,对学生发展具有重要意义。我校把"雅乐真活美"作为育人目标,实施"花园式课程",遵循教育规律和学生成长规律,大力弘扬中华优秀传统文化,开发"荟诗·诗汇"校本课程必将有力促进我校"幸福教育"的办学思想,并进一步构建"精美雅致、百花盛开、温馨和谐、书声琅琅、翰墨飘香"的幸福校园。

本课程理念是:**诵经典,启心智,传文明,提素养**。教师在学生诵读经典古诗词的过程中,有机采用多样化的教学手段,通过配乐欣赏、诗配画、表演等多种方法,提高学生的综合素质。

二、 课程目标

（1）掌握诵读技巧，包括停连、轻重、语速、语调、节奏等的技巧。

（2）能够对重点诗歌进行赏析，以注释为工具，理解、感悟古诗文的内容，以及作者的思想感情及诗歌蕴含的哲理等。

三、 课程内容

本课程以书籍《小学生必背古诗词 75 首》为教材，开展小学必背古诗词的教学。具体包含三个模块。

（一） 诵读技巧学习

主要内容是停连、轻重、语速、语调、节奏等的训练，通过在课上传授诵读技巧，使学生掌握正确发声的方法，让声音更加饱满，能够达到正确、流利、有感情地朗读的要求，为正式朗诵做好准备。

（二） 重点诗歌赏析

以书籍《小学生必背古诗词 75 首》为教材，将精读和范读相结合，选取其中的经典篇目让学生反复吟诵。让学生自主搜集资料，查找诗歌背景、诗人介绍等资料，以注释为工具，理解、感悟古诗文的内容，以及作者的思想感情及诗歌蕴含的哲理，背诵并默写经典篇目。

（三） 诗歌诵读展示

主要内容为个人诵读展示、小组合作诵读汇报、班级诵读表演。

四、 课程实施

本课共设 10 课时，每课时 40 分钟。在实施过程中遵循三条原则。一是自主性原则。尊重学生的主体地位，尊重学生独特的思维方式和活动方式，以学生自主活动为主，鼓励学生以自己的方式自读自悟，鼓励学生在规定阶段完成规定内容后诵读更多的经典古诗词，并给予积极评价。二是差异性原则。承认学生个体间记忆思维等的差异性，针对不同的学生提出不同的要求，要求学习能力比较强的学生能有感情地背诵、默写并表演，要求学习能力有待提高的同学能熟练诵读，但每一位学生必须根据自己的能力进行背诵积累，数量可做弹性调整。三是激励性原则。以激励为主，引导学生热爱诵读经典古诗词，可以利用黑板报、校刊校报、校园文化墙、班会课、小广播进行鼓励，激发学生诵读的热情。具体实施方法如下。

（一） 知识传授法

教师使用音频资料、视频影像激发学生诵读的兴趣，教授学生感悟包括停连、轻重、语速、语调、节奏等诵读技巧，还要教授学生学习古诗词的一般方法，让学生自主搜集资料，查找诗歌背景、诗人介绍等资料，以注释为工具，理解、感悟古诗文的内容，以及作者的思想感情及诗歌蕴含的哲理。

（二） 节庆学习法

学校定期举办读书节，各班用读或演的方式，形式多样地呈现学生在经典诵读学习中的收获，让经典诵读变成节目走上舞台。同时发动各班语文教师开展好"课前一诵"的活动，做到常读常诵，将经典诵读常态化。

（三） 环境学习法

班级是诵读活动开展的最佳单位，各班教室墙壁可以开辟"诵读之星"、"默写达人"、"诵读表演奥斯卡"、"诵读技巧留言板"等各具特色的栏目，黑板上也可开设"唐诗苑"、"宋词园"、"送别诗集锦"、"田园诗大观"等板块，每日更新，用诗词浸润学生的学习生活。

（四）赛事学习法

各班根据本班的实际情况定期组织学生开展展示诵读成果的竞赛活动，如赏诗会、诵读比赛、"古诗擂台"、"你画我猜"、填字游戏等，也可搭建跨班、跨年级展示的交流平台，在赛事中增强学生读书的兴趣，体验成功的快乐。

（五）亲子共读法

大力倡导亲子共读活动，可利用家长会、家访、校讯通、微信群等途径，为家长提供如共读时间、共读方法、评价手段等读书方法指导，定期邀请部分家长走进教室和学生进行共读活动，探讨共读收获，交流共读心得，共享共读时光。

 ## 五、课程评价

本课程在评价方式上采取建立经典诵读档案袋和实行经典诵读考级相结合的方式，具体做法如下。

（一）档案袋评价

给学生建立"荟诗•诗汇"经典诵读档案袋，内容为学生在每一天、每一周、每一月、每学期的经典诵读活动情况，包括诵读数量、进度、质量、活动图片、教师与组员评价等。

（二）反思性评价

每两周进行一次自我反思，内容包括此段时间共积累背诵了多少首古诗词，能够默写多少首，参与了几次诵读表演，这段时间取得的进步有哪些，还有哪些地方是可以改进或克服的，希望能得到老师、同学哪些方面的帮助。

（三）积分制评价

以班级为单位成立经典诵读考级小组，考级题目以《小学生必背古诗词 75 首》的目录为准，每背诵一篇可获得考官的"通关印章"一枚，累积到相应数量视为晋级成功，晋升到最高等级"小状元"后可成为"小考官"，负责其他同学的等级考试工作。具体通关晋级榜如下：

"荟诗·诗汇"经典诵读晋级榜

等级	篇数	姓名
状元	51—60 篇	
榜眼	41—50 篇	
探花	31—40 篇	
进士	26—30 篇	
举人	21—25 篇	
秀才	11—20 篇	
书童	1—10 篇	

（执笔人：付玲娟）

课程1-5

口吐莲花

适合对象：六年级学生

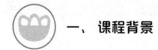 **一、课程背景**

21世纪，演讲与口才已经成为考核和评价人才的重要标志之一。演讲能够改写历史，个人同样能够通过演讲改变命运。"一人之辩重于九鼎之宝，三寸之舌强于百万之师。"拥有一流的演讲口才，便等于拥有了一辈子的财富。现今社会，人们越来越关注自身的发展，但即便个人能力很强，如果不爱说话，不懂得沟通，不善于表达，也很难得到重视。演讲，是表达自己，捍卫自己，体现自身价值的一种重要手段。

"口语交际能力是现代公民的必备能力。应培养学生倾听、表达和应对的能力，使学生具有文明和谐地进行人际交流的素养。口语交际是听与说双方的互动过程。教学活动主要应在具体的交际情境中进行……应努力选择贴近生活的话题，采用灵活的形式组织教学……鼓励学生在各科教学活动以及日常生活中锻炼口语交际能力。"演讲作为口语交际能力的一个表达方式，可以让学生积极表达内心无忌的童言。让学生观摩著名演讲家妙语连珠的经典演讲，促使学生感悟多样的人生视角，用思辨的意识和纯净的心灵去仔细观察、感受、发现和探索身边的一切事物，进而促使学生表达自己内心最真实、充满童心的感受。因此，在小学阶段开展演讲教学是非常有必要的，既符合学生的心理发展规律，又能全面培养小学生良好的文学素养，培养学生思维、语言表达创作能力，还可以培养学生的道德素养，提高他们的审美情趣。

本课程理念是：**观演讲，擅表达**。此演讲课程针对小学六年级的学生，因学生已具备基本的语言表达能力和思辨能力，具有自我表达和交换观点的需求。《义务教育语文课程标准（2011年版）》中明确要求学生"听人说话认真、耐心，能抓住要点，并能简要转述。表达要有条理，语气、语调适当。能根据对象和场合，稍做准备，作简单的发言"。学生从小学习、了解有关演讲与口语表达的相关知识，能提升自己的演讲和口语表达的能力，以适应社会的发展，更好地实现自我与社会的融合。

 二、课程目标

初步了解演讲的技巧以及基本的演讲礼仪；学会对演讲内容进行筛选、鉴别、分类；掌握对身体语言的理解和表情管理。

 三、课程内容

本课程以演讲的欣赏和训练为主题，内容分为六个模块。

（一）走进演讲的世界

通过视频资料及纸质材料，使学生领略到不同风格演讲家的风采，了解演讲的定义及作用，掌握基本的演讲礼仪和技巧。

第一部分：演讲礼仪知识多

演讲所要求的仪容：整齐、清洁、自然、利落、自信。

1. 女士

服装：套装为宜，要符合身份。

化妆：要化妆，淡妆为佳，自然且不露痕迹。

头发：整齐、利落、不可遮住脸部，长发不要随意散开。

袜子：肤色，不可有花纹。

鞋子：有跟的包鞋，黑色为百搭。

配件：首饰勿挂太多。

2. 男士

服装：西装（深蓝、深灰较佳）；素色衬衫；领带颜色应配合西装色系。

头发：整齐、利落，前发不附额，侧发不掩耳，后发不及领。

袜子：深色袜子，不可着白袜。

鞋子：深色皮鞋，保持干净。

第二部分：演讲技巧我知道

1. 面部表情

表情应与演讲内容吻合，不要因为紧张而使其走样，避免过分严肃。注意微笑，笑要自然、大方，露出上面六颗牙齿。面部表情不要单一化，不该笑时则不笑。在观众中寻找笑脸，并在演讲时有意识地对着他们讲话。真诚，以观众为重，不要把注意力放在自己身上。

2. 手势要求

不做手势时，手臂自然垂直身侧，并要轻松自如。做手势时，手势动作的范围要在腰部以上。强调想法时，手的动作要尽量放大，自己觉得很夸张的动作，实际上对于观众而言并不那么过分，平常要多练习。经常换换手势，但也需要一个有自己特色的手势。避免重复做同一个手势或一个手势时间过长、动作犹豫不决、动作过多或太夸张。

（二）我是传声筒

主要内容是学习和模仿出色的演讲家演讲的内容、姿态和语气，初步体悟演讲的魅力。

（三）我讲给你听

主要内容是同伴之间相互围绕特定的主题进行演讲练习，互为老师，发现同伴的优点及缺点，共同进步。演讲主题建议如下：校园生活、畅想未来、好书分享等。

（四）评评那些事

主要内容是学生结合社会热点新闻和话题，进行思维训练，充实演讲内容，锻炼敏锐的观察能力和思辨能力。

（五） 我的心里话

主要内容是激发学生表达自己内心的真实想法，通过组织语言文字，准确真实地传达心声。

（六） 小小演讲家

主要内容是通过语言文字组织的练习、思辨能力的培养以及基本演讲技能的培训，学生凭借不同主题真枪实弹地进行演讲，表达自己的观点，传达自己的理念，提升演讲能力。

四、 课程实施

本课程用时 10 课时，每课时 40 分钟。课程的实施遵循以下两条原则。一是主动性原则。在教学过程中，充分调动学生的学习主动性和积极性，让学生主动地学习，敢于表达和交流。二是实践性原则。学习方式主要以学生的实践为主，围绕主题，让学生敢于将课堂中的所学运用于学习和生活。具体实施方法如下。

（一） 鉴赏与模仿

经典的演讲能够开拓学生的视野、提高学生对演讲的审美情趣，促使学生爱上演讲。教师对鉴赏技巧、演讲技巧的指导，能让学生感受到演讲的魅力并爱上演讲。

（二） 模仿与练习

从模仿开始，模仿优秀的演讲家表情达意的技巧。学生通过替换、改写、自由创作等方法一步步写好演讲稿，在模仿练习中进一步感受演讲的魅力，提高人文艺术修养。

（三） 创作与展示

师生共同营造演讲的艺术氛围，搭建演讲小舞台，鼓励学生展现自我、表达自我。采取全班学习和小组合作学习相结合的组织形式。开课之初学生完成分组。教师提前布置本次课的任务，学生准备完成后，上课时依次上台发表演讲，由其他小组和本小组成员分别进行点评、打分，最后由教师总结评价，进行指导。指导内容包括：

（1）内容评价。对内容新颖、突出重点、富有教育意义的演讲，当场表扬。对内容单一、肤浅的演讲及时提出修改意见。

（2）表情评价。对敢于在公众场合表达自己感情的学生要赞扬；对真情不能畅快流露的学生要及时引导。

（3）表达评价。对口齿清楚、声音响亮者给予表扬，对腼腆羞涩的学生不能挖苦，应给予恰当的引导。

（4）仪表评价。从演讲者和听众两方面给予点评，找出优点，表扬为主，鼓励学生爱上表达，喜欢演讲。

 五、课程评价

本课程在评价上，宜采取激励性评价、过程性评价相结合的方式，具体做法如下。

（一）积分制评价

演讲我能行

评价内容	考核方式	自评分	小组评分
演讲稿	纸质版作业	☆☆☆	☆☆☆
即兴演讲、小组活动发言等	口语表达作业	☆☆☆	☆☆☆
课堂态度、小组活动参与度	态度、参与度作业	☆☆☆	☆☆☆

（二）评选制评价

学生在演讲舞台上展示表达，是对自我的突破。因此在评价机制中设置了多项鼓励学生的评选："最打动人心的演讲"评选、"最挥洒自如的演讲"评选、"最具人气的演讲"评选、"最能言善辩的演讲者"评选等。

（三） 过程性评价

使用"档案袋"计分方式，分为纸质版档案袋和电子版档案袋，每位同学有两个档案袋。

1. 纸质版档案袋：平时的纸质版小作业（演讲稿、小测验等）；平时课堂的态度、参与度的评分表格等。

2. 电子版档案袋：平时即兴演讲、小组讨论的视频、音频资料，以及资料后面紧跟的评价表格。具体评价内容：（1）纸质版小作业：小主题演讲稿，课堂内容小测验等。（2）口语表达作业：小组发言，主题演讲，情境模拟，现场辩论。一个学期有四次语言表达测试，每次 10 分。

（执笔人：刘洁凝）

课程1-6

笔落生风

适合对象：五、六年级学生

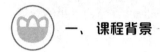 **一、课程背景**

　　文字是记载历史、传承文明的重要工具。汉字是中华民族宝贵的文化遗产和精神财富。《教育部关于在中小学加强写字教学的若干意见》中指出"中国书法将汉字的表意功能和造型艺术融为一体，有着悠久的历史和广泛的群众基础，汉字书写的美学价值得到了超越国界和超越汉字使用范围的承认"。学习汉字，可以弘扬我们灿烂的文化，传承我们优秀的母语，实现伟大的文化强国梦；书写汉字，可以陶冶审美情操，增进学识修养，增强对祖国语言文字的热爱和对祖国文化的理解。"人能写字，字能写人"，写字是每个炎黄子孙不可或缺的一种技能和民族素质，是一项重要的语文基本功，写一手好字，既是素质教育的基本要求，也是基础教育课程的目标之一。

　　《义务教育语文课程标准（2011年版）》明确规定五、六年级学生的写字要求："能用毛笔书写楷书，在书写中体会汉字的优美。""写字育人"是实施新课程的需要。当前，随着信息技术的迅猛发展以及电脑、智能手机的普及，人们交流方式和学习方式都发生了极大的变化，中小学的汉字书写能力有所削弱，加上学校、教师、家长不够重视，学生忽视书写质量，缺乏书写意志，导致部分学生的汉字出现书写歪歪斜斜、结构不匀、笔画松散、行款不齐等令人堪忧的书写现状，实施写字教育迫在眉睫。为此，我校高年级实施"笔落生风"课程，是低、中年级写字课程的延续和提升，是基础教育的重要内容，是传承中华民族优秀文化、培养爱国情怀的重要途径，是提高学生的汉字书写能力，培养学生的审美情趣，提高学生的文化修养，促进学生全面发展的重要举措。

　　本课程的理念是：**写好中国字，做好中国人**。学生通过各种汉字书写的竞赛活动，变"苦写"为"乐写"，养成"提笔就是练字"的习惯，达到"能用毛笔书写楷书，在书写中体会汉字的优美"的目标，真正做到"人如其字，字如其人"。

二、课程目标

（1）体会汉字的独特魅力，感受名家笔下的艺术气息，提高对软笔书法的鉴赏能力。

（2）深入学习欧体楷书的间架结构以及书写偏旁技巧。

（3）初步感受其他的楷书运笔方法及书写技巧，体验不同字体的独特性，在墨香中陶冶情操、磨炼意志、提高文化修养。

三、课程内容

本课程以提高学生软笔书写汉字的能力，培养学生的审美能力为主，以名家优秀书法作品鉴赏、软笔书法技能训练以及多角度评价能力训练等为内容，具体包含以下三个模块的内容。

（一）书法鉴赏

欣赏优秀的软笔书法作品，如楷书四大家的代表作：欧阳询的《九成宫醴泉铭》、《化度寺碑》，颜真卿的《多宝塔碑》、《颜勤礼碑》，柳公权的《金刚经刻石》、《玄秘塔碑》，赵孟頫的《胆巴碑》等。再如其他优秀书法家的作品：王羲之的《黄庭经》，钟繇的《宣示表》，虞世南的《夫子庙堂碑》等。让学生通过欣赏，了解中国书法的形体美，感受中国汉字的艺术美，深入认识欧体楷书的书写间架结构特点，体会欧体楷书中的"中宫紧收、法度森严"，激发学生对书法学习的兴趣。学生能够初步从笔法、笔势、结字、字势、墨法、章法等方面鉴赏作品，增强书法审美意识，体会汉字的独特魅力。

（二） 技能训练

五、六年级书法技能训练的主要内容有二。一是以书写欧体楷书为主，使学生熟练掌握欧体楷书常见的左窄右宽、上窄下宽等间架结构，通过图片及教师现场范写理解不同汉字偏旁的书写技巧并把握不同偏旁与另一部分的关系，如汉字左右结构中的双耳刀（阝）：当双耳刀处在汉字的左边时，书写要点是略向左倾斜；当双耳刀处在汉字的右边时，书写要点就是稍微偏低，形成字形左高右低的特点。二是在总结欧体楷书的结构规律和结构特色的基础上，比较、认识和学习其他的字体书写方法，如颜体楷书，并初步运用其他字体进行书写，使学生对书写产生更为浓厚的热情。

（三） 字帖临摹

字帖临摹是指挑选优秀书法家的字帖作品，对其中的点画、字形、章法进行临摹学习，如欧阳询的《九成宫醴泉铭》，适合初学者进行临摹。学生在临摹过程中感受汉字作品的精、气、神，并从运笔、结构、墨法等角度点评同学的作品，加深对汉字的理解，分享书写心得。

四、 课程实施

本课程使用已有的书法教材，收集相关优秀名人作品和相关教学课件等。本课程用时20课时（五年级10课时、六年级10课时）。在本课程实施过程中遵循以下三个原则。一是指导性与自主性原则。在我校"三学一练"高效教学模式下开展五、六年级软笔书法的教学，注重教师导学、学生自学、学生互学和巩固练习，以学定教，充分发挥学生主体性。二是知识性与创造性原则。教师在传播书法知识的过程中，在学生已熟练掌握欧体楷书的基本技法情况下，可引导学生取中华汉字书写之精华，根据自身的水平和能力进行创作。三是人文性与趣味性原则。教师通过鼓励学生收集并讲述书法家的趣闻轶事和勤学苦练的励志故事，让学生收集汉字的起源和背后的故事并充当"小讲解员"；也可通过巧妙地将书法作品进行排版和创作等途径来增强课堂的趣味性。在快乐习字中，贯彻"写字育人"的教学理念，让学生"写好中国字，做好中国人"。

具体实施方法如下。

（一） 佳作鉴赏法

观摩优秀的书法作品能够开拓学生的视野，提高学生对汉字形体美的审美情趣。在作品鉴赏时，鼓励学生畅谈感受，学会从不同的角度（如：起笔、运笔、结构、排版等）进行评价，体会书法家的喜怒哀乐，激发学习兴趣。此外，教师教授学生毛笔书法的入门知识，让学生从更多方面了解中国书法以及文化。

（二） 多样创作法

学生通过教师指导、观看书写视频、临摹书法字帖等方法进一步掌握书写技巧，逐渐形成自己的书写心得和风格，能够熟练、正确、流利地书写楷体。在此基础上，尝试在运笔、内容和排版上进行创新，在传统的方形、圆形、扇形的布局上，推陈出新；还可与国画、诗词相结合，打开创作的源泉，发扬中华民族的优秀传统文化，使之焕发生机与活力。

（三） 合作交流法

"众人拾柴火焰高"，通过小组合作，学生在小组内分工进行书法家的趣闻轶事和勤学苦练的励志故事的搜集和讲解；在创作中增强交流，碰撞思维，进而迸发灵感的火花。学生在此过程中培养了自主学习与合作学习的能力，培养了审美情趣，加深了对书法历史的了解，产生了民族自信心与自豪感。

（四） 成果展示法

教师指导学生将个人的书法作品收集成册，制作个人书法成长记录册，鼓励书写本领强、书写进步快、乐学爱写、热爱中华传统文化的学生举办个人书法展。从各班级、各年级择优选取书法作品，制作班级、年级的优秀书法作品集，并复印展示。同时，还要对优秀作品给予奖励，激发学生的学习兴趣，培养学生的自信心，促进书法教学。

 五、 课程评价

在评价方式上，本课程宜采取多种评价方式相结合的方法，具体做法如下。

（一） 展示性评价

结合我校读书节和艺术节，鼓励书写本领强、书写进步快、乐学爱写的学生开展个人书法展。指导学生将搜集的优质书法家故事制作成展板进行展示，鼓励有自己的书写心得的学生进行心得分享。在相互欣赏和评价中为每位学生提供参与活动的机会和进行展示的舞台，使书法充满生命力。

（二） 档案袋评价

指导学生将个人的书法作品收集成册，制作个人书法成长档案袋。

（三） 生长性评价

将学生全部的纸质作品进行扫描、收集、整理，并根据作品质量的变化反馈学生成长的过程。

（四） 评选性评价

各班级、各年级择优选用学生的书法作品，根据学生作品的间架结构、运笔、章法等评选出以下奖项："最佳作品奖"、"最佳书法奖"、"最具潜力奖"等。

（执笔人：吕欣娜　郑晓桐）

课程 1-7

课本剧场

适合对象：六年级学生

一、课程背景

课本剧是将课文内容进行创编,再通过表演将故事情节生动形象地再现给自己、给同伴的一种集教学和娱乐为一体的综合性活动。

课本剧是一种新型的学习方式,这种方式重在学习过程,重在激发学生的创造潜能,重在知识能力的整合,有利于在实践中培养学生的观察感受能力、综合表达能力、人际交往能力、互助合作和团队精神,有利于学生形成独立的人格和生存能力等。课本剧场是一种跨学科、有价值的情景课程,学生的理解力、思想力加表现力,在该课程中充分体现出来。学生不仅能学会欣赏剧本,而且能学会编写剧本。此外,学生在编演剧本的过程中,能打开身体、打开心灵,自如地展现、自信地表现自我。总之,该课程不仅让学生学习用剧场语言进行表达和沟通,更注重培养学生的以创造力、合作力为主的核心素养能力。

本课程的理念是：**演绎文本,陶冶情操,净化心灵**。引导学生在"课本剧场"课程的学习过程中,能自编、自导、自演课本剧,充分感悟课文深刻的思想内涵,让他们从小就喜欢上祖国的语言,并能够准确地运用,让学生在学习的过程中陶冶情操、净化心灵,形成正确的价值观和积极的人生态度。

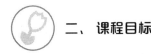

二、课程目标

（1）了解并掌握扎实的戏剧知识,在表演过程中提高表演能力。

(2) 提高自主学习能力。学生通过深入探究文本，学会编写剧本、编演剧本，提高实践能力与创新能力。

(3) 增强合作意识，并在学习的过程中提高感受美、欣赏美、表现美、创造美的能力。

 三、 课程内容

本课程以课本剧的编写和编演为主题，内容分为四个模块：课本剧欣赏、课本剧改编、课本剧编演、课本剧展示。

（一） 课本剧欣赏

学生要排演课本剧，就必须认真品味、研读作品，细致地搜集作品中的相关信息，深入地揣摩作品的语言艺术，才能根据文学作品的内容改编成剧本。因此，课本剧欣赏这个模块包括以下几个内容：1. 课本剧相关知识介绍；2. 欣赏课本剧剧本；3. 研读教材，以学生所学的语文教材为蓝本，引导学生认真研读教材；4. 选定表演项目。

（二） 课本剧改编

课本剧的编写以课本为依托，选取一至六年级的某些课文进行改编，引导学生根据改编的剧本排练课本剧。课本剧的题材源于教材，但绝不是教材的翻版，而是对教材内容的再创造。在指导学生把教材改编成课本剧的过程中，教师在课堂上一定要启发学生想象，培养学生的创新思维品质，教给学生创编的方法，可引导学生适当地进行想象，丰富课本剧内容。因此，课本剧改编这个模块包括以下几个内容：1. 介绍剧本创编方法；2. 实践操作编写剧本；3. 小组互相修改剧本。

（三） 课本剧编演

编写好课本剧后，教师在指导学生进行课本剧的编演时，要有一定的步骤，剧本编演程序分为选、读、编、演（包括排练、演出）、评五个步骤，其中每步相应地有具体要求。教师在课堂上让学生明白每个步骤的具体要求并能把这些要求运用到实际编演中。

这个模块分为以下部分：1. 师生评赏课本剧表演视频；2. 舞台表演相关知识介绍；3. 排演课本剧。

（四） 课本剧展示

结合读书节、艺术节、六一儿童节等活动，以表演、展评、比赛等方式展示学习成果。通过一系列的比赛展示活动，进一步激发学生的阅读兴趣，加深学生对课文的理解，分享阅读成果，挖掘潜能，提升学生的综合素养。这些展示活动对学生来说，是一个表现自我、激发想象力和创造力的锻炼与展示的好机会。

四、 课程实施

本课程实施之前应该有所准备：收集相关的教材、视频、道具。本课程共用 12 课时。

在课本剧的编写上，教师可以满足不同学生的不同需求，可以个性化地使用教材，在具体教学时不至于千篇一律。剧本编写以学生的发展为本，激发学生主动学习、合作学习、探究学习，引领他们深度学习。"以写促演，以演促评"，能够提高学生学习语文的兴趣，让语文课堂充满活力，学生真正成为课堂的主角，从而使语文学习的效率更高。具体实施方法如下。

（一） 鉴赏与指导

在进行课本剧创编之前，课堂上教师要引导学生了解课本剧的结构以及剧本的写作特点，吃透课文的主题思想和故事情节。在创编时，教师引导学生根据课文故事情节，进行创造性地编写。课本剧编演时，教师引导学生明确编演的步骤及要求。

（二） 实践体悟法

在课本剧的编演中，教师要引导学生对剧本深入揣摩，吃透角色的语言、动作、心理、神态，进入角色，为表演做准备，然后试演，学生找出不足，师生评价，再深入剧本，揣摩体会，反复练习。

（三）围坐研讨法

为充分调动学生参与的积极性，在选取课文进行课本剧改编时，课堂上以小组为单位，先让学生充分讨论再商议决定要改编的课文，并由学生自己讨论决定所选课文是全部演还是只选择其中一部分演，使学生在课堂上充分参与。

（四）读书指导法

要改编课文，就必须对课文有深入的理解，这就需要引导学生多研读课文、推敲语言文字、体会人物情感，使其知背景、明主题、熟内容。只有清楚这些，才能更好地体会揣摩人物富有个性的语言，才能更好地塑造人物形象。因此可发动学生到图书馆、网上等查阅有关资料，教师也可多多提供，师生之间、生与生之间要互相沟通，多多交流，从而提高学生的自主学习能力。

（五）小组合作法

剧本排练时，要注意全体学生语文素质的提高。可将学生分为多个小组，使学生人人都有参与活动的机会，各小组也可根据实际情况，对剧本稍做修改。在整个活动中，学生学习是一个由浅入深的过程。

 五、 课程评价

教师对学生进行评价时，应关注学生在课程学习中的参与度，如学习兴趣、学习态度、积极性、参与程度等。学生的学习成果以汇报演出的形式进行展示，优秀作品进行录像，并利用教室多媒体播放，采用学生自评、同伴互评、教师评价、观众评价等多维评价方式。具体评价方式如下。

（一）赛事性评价

为了检测学生对课本剧编写技巧的掌握，每学期进行多次课本剧编写大赛，通过组织学生编写自己喜欢的课本剧，评选出最佳作品，设立特等奖、一等奖、二等奖若干名，一学期下来可以将优秀的课本剧编写作品编辑成册。

（二） 展示性评价

为了激发学生表演的兴趣，提高学生学习的积极性，每学期进行一次课本剧编演的展示活动，学生根据自己创编的剧本进行排演，先对学生的作品进行初评，评选出特等奖、一等奖、二等奖若干名，特等奖的作品可以在六一文艺汇演、经典诵读大赛中进行展演。

（三） 争章性评价

争章性评价就是根据学生的出勤情况、课堂表现情况、学习成果情况给出相应的奖章，一个学期进行一次表彰，不同数量的奖章可以换取不同的礼物。

（执笔人：黄小艳）

课程 1-8

童心童诗

适合对象： 五年级学生

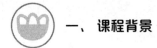 一、 课程背景

儿童诗符合儿童的心理、兴趣、经验和审美特点，富有情感、韵律和节奏，以分行形式来表达儿童的生活和情感经验，非常适合儿童阅读和吟诵。儿童诗是儿童文学作品的分支，也是诗歌的分支。可以说，儿童诗是专属于儿童的，充满童趣，使儿童的思维、语言能力快速发展的文学和精神营养。在儿童诗中可以看到许多属于童年的诗意美，包括想象美、形象美、意境美、语言美、音乐美、心灵美和创作美。

《义务教育语文课程标准（2011 年版）》在关于写作的"教学建议"中指出："（在写作中）要求学生说真话、实话、心里话，不说假话、空话、套话……鼓励写想象中的事物。"儿童诗以其丰富且充满童趣的想象力吸引着学生，让他们积极表达内心，畅所欲言；品读儿童诗可以促使学生保持对事物的好奇和新鲜感，用好奇的眼睛和纯净的心灵去仔细观察、感受、发现和探索身边的一切事物，进而促使学生写下自己内心最真实的感受。在小学阶段开展儿童诗教学，符合学生的心理发展规律，既能培养学生丰富的想象力、无穷的创造力和语言表达能力，又能全面培养小学生良好的文学素养，还可以提高他们的审美情趣，达到净化心灵、陶冶情操的目的。

本课程的理念是：**诵童诗，养童心**。《义务教育语文课程标准（2011 年版）》明确规定小学阶段学生背诵优秀诗文不少于 160 篇（段）。对于处在儿童阶段的小学生，儿童诗无疑是最好的选择。儿童诗活泼有趣、朗朗上口、充满想象，能引发学生的共鸣，激发学生的学习兴趣和创作欲望，进而培养学生积极乐观、追求真善美的高尚品质。

二、 课程目标

（1）初步了解儿童诗这种文学体裁，感受儿童诗的魅力，学会仿写。

（2）积累语言，增强对儿童文学作品的感悟能力，提升文化素养。

 三、 课程内容

本课程针对五年级学生，因此会选用与高年级学生的知识发展和身心发展相符合的儿童诗供教学，通过教师指导和学生自学、互学、仿写创作等方法让学生感受儿童诗的魅力，并创作属于他们自己的儿童诗。本课程以儿童诗诵读和创作为主题，内容分为四个模块。

（一） 儿童诗鉴赏

选择符合高年级学生身心特点的儿童诗，并分主题进行教学，季节主题如《听春》（金波）、《春天的闹剧》（张晓楠）、《秋姑姑》、《秋天的信》（林武宪）等；自然现象主题如《云》（金波）、《给太阳》（艾青）、《风》（叶圣陶）等；动物主题如《蝌蚪》（李昆纯）、《我喜欢你，狐狸》（高洪波）、《白天鹅羽毛》（金波）等；植物主题如《蒲公英》（切普捷克娃）、《水仙花》（米尔恩）、《柠檬》等；人物主题如《老祖母的牙齿》（曾妙容）、《爸爸的鼾声》（阎妮）、《纸船——寄母亲》（冰心）等；人生哲学主题如《梦想》（顾城）、《生活的颜色》（曾卓）、《竹林奇遇》（圣野）等。让学生感受儿童诗的魅力，体会儿童诗的语言美、想象美和形象美，积累语言文化知识，产生创作儿童诗的欲望。

（二） 儿童诗诵读

接触了儿童诗以后，学生肯定会产生诵读的欲望。这一部分的内容主要包含儿童诗配乐朗诵技巧、鉴赏技巧和仿写技巧的训练。让学生选择自己最喜欢的一首或几首儿童诗进行朗读、诵读，甚至可以配乐诵读，学生可以在儿童诗中尽情遨游，释放天性，陶冶情操，提高人文素养。通过课堂上的诵读鉴赏，学生逐渐掌握儿童诗的鉴赏技能，体会儿童诗的语言美和表情达意的方法，想象力和创作欲望得到充分激发。教师再进行仿写技能训练的教学，让学生逐渐尝试创作属于他们自己的儿童诗，并能声情并茂地朗诵出来。

（三）儿童诗仿写创作

学习了不同类型的儿童诗之后，教师可以选用如《学会感恩一切》等格式工整的儿童诗指导学生进行仿写，并指导和鼓励学生多观察、多发现、多思考、多阅读、多想象，接着教师可以限定主题或者只给一定的范围让学生进行儿童诗歌创作。这样循序渐进地激发学生的创作潜能，让学生真正爱上儿童诗创作。

（四）儿童诗展示

学生进行了自主创作之后，教师可以组织学生进行诗歌朗诵比赛、创作擂台赛、学生优秀儿童诗歌作品展示等活动，在教室里开辟班级诗栏、制作儿童诗手抄报、布置儿童诗画廊，还可以鼓励学生进行投稿。

教师通过本课程具体的教学内容，提高学生对儿童诗歌的鉴赏能力，激发学生学习和创作儿童诗的欲望，增强学生的自信心，让更多的学生走进儿童诗，感受儿童诗的文学性和人文性。

 四、课程实施

本课程选取适合五年级学生心理健康发展的优秀儿童诗供学生品读和鉴赏。总计16课时。由于学生平时接触的诗歌不多，因此本课程的实施主要通过对优秀儿童诗的阅读欣赏和理解诗作的主旨、意境、思想感情、写作方法开展。具体实施方法如下。

（一）　阅读与分享

儿童诗属于儿童文学，文学欣赏离不开学生大量的阅读和积累，因此教师重在指导学生课后积极进行儿童诗阅读和思考，并积极分享自己的阅读感受和体会。

（二）　鉴赏与指导

阅读和鉴赏优秀的儿童诗作品能够开拓学生的视野，提高学生对儿童诗的审美情趣，激发学生的学习兴趣。教师可以指导学生理解诗作的主旨、意境、思想感情和写作方法。通过对儿童诗鉴赏技巧、仿写技巧的指导，让学生感受儿童诗的魅力并爱上儿童诗。

（三）　模仿与练习

从模仿开始，让学生模仿优秀儿童诗人的写作手法和表情达意的技巧，通过仿写替换、续写、自由创作等方法一步步鼓励学生创作儿童诗。学生在其中能进一步感受儿童诗，积累语言，发散思维，提高人文艺术修养。

（四）　创作与展示

师生共同营造儿童诗艺术氛围，如在教室里开辟班级诗栏、制作儿童诗手抄报，同时开展儿童诗擂台赛、儿童诗朗诵比赛等活动鼓励学生进行儿童诗自主创作。有可能的话，还可以有目的、有组织地带领学生到自然、社会中体验生活，撷取素材，进行诗歌创作，并选出优秀作品进行展示，激发学生的学习兴趣和创作欲望，增强学生的自信心，让学生在儿童诗中解放天性，表达内心最童真的声音。

 ## 五、　课程评价

在评价上，本课程遵循激励性评价原则，具体做法如下。

（一）　量表式评价

教师每周更新儿童诗歌诵读篇目，要求学生在课堂上和课后进行诵读，定期检查，根据诵读的熟练程度进行评价，评价表参考如下：

姓名	篇目	星级	阅读积淀
		一星级	能读通、读顺诗作。
		二星级	能读出诗的韵味和节奏,基本读懂诗作的含义。
		三星级	能读出诗的韵味和节奏,能对诗作进行一定的鉴赏。
		四星级	能对诗作进行鉴赏评析,能对诗歌进行仿写和相关主题创作。

(二) 评选性评价

根据"有无错别字、语句是否通顺、诗意是否完整、是否具有独特的想象力、构思是否奇妙"等标准,对学生的作品进行评价,评选出"最完整的儿童诗"、"最儿童的儿童诗"、"最具想象力的儿童诗"、"最具人气的儿童诗"、"最具韵味的儿童诗"、"构思最奇妙的儿童诗"、"最具童趣的儿童诗"、"最能打动人心的儿童诗"、"最温暖的儿童诗"、"最美儿童诗"等。

(执笔人：谢晓瑜 肖冬婵)

课程 1-9

粤语妙妙屋

适合对象：　二年级学生

一、课程背景

　　粤语是中国七大方言之一，是汉族广府民系的母语，属汉藏语系汉语族。粤语又称作广东话、广府话，俗称"白话"，在中国南方的广东中西部、广西中南部、香港地区、澳门地区和东南亚的部分国家或地区，以及海外华人小区中被广泛使用。

　　自改革开放以来，随着广州经济的迅速发展，"新广州人"不断增加。粤语作为岭南文化的载体，与广府文化有着密切的关系，经过长期的历史积淀，更彰显了岭南文化中的独特神韵。而广州人对于粤语的使用却越来越少，同时"新广州人"也需要使用粤语融入新城市生活。粤语，不仅仅是广州人交流的日常语言，也是了解岭南文化的一扇重要窗口，更蕴含着广府人民的生活习惯、思想观念和风土民情，从不同层面体现着广府文化的深刻内涵，推广和普及粤语对于传承和发扬广府文化有着深远而重要的意义。

　　本课程的理念是：**学粤语、明文化、会表达、贵传承**。通过对于粤语知识的基础学习，学生能够基本了解广府文化，会讲基础的粤语，能够更加"接地气"地了解粤语，了解广府文化内涵，传承岭南精神，在学习中学有所得，学以致用。

二、课程目标

　　（1）能掌握粤语中基本口语，具备用粤语交流表达的能力。

（2）了解粤语中的故事内容，学习一些广府历史文化和风俗民情。

 三、 课程内容

本课程内容主要针对学生的口头表达能力和基本沟通能力，以粤语童谣、粤语常用语、广府小故事等为主要学习内容，具体包含以下四个模块。

（一） 粤语常用语

本模块以生活中的常用语言为切入点开展教学，例如："你好！系边度呀？""依家系两点。""你系度做乜啊？""你食左饭未啊？""你叫咩名啊？""对唔住。""唔好意思。""唔好意思阻你一阵。"这些语言贴近学生生活，符合学生的认知规律和水平。从学生熟悉的生活情境开展教学能丰富学生的生活，激发学生的学习兴趣，让他们积极主动地投入语言学习中。

（二） 粤语童谣

童谣学习是低年级学生容易接受的教学方式，学生能从中感受到学习语言的乐趣，感受语言学习的韵律美和节奏美。本模块选取不同内容的童谣，运用多种形式的读、唱等，采用击掌、跺脚、表演等方式来开展童谣教学。如：

月光光，照地堂，虾仔你乖乖瞓落床。（击掌）

落雨大，水浸街，阿嫂出街佢着花鞋，花鞋花袜花腰带。（跺脚＋表演）

肥仔个头大过五层楼，肥仔个手佢细过荷兰豆。（击掌）

（三） 广府小故事

本模块主要以广府故事为主要教学内容，如"百岁坊"、"南海神庙"、"西关小姐"、"东山少爷"等。故事能以有声有色的描绘引领学生在曲折的情节中流连忘返。将这些故事巧妙运用于语言教学中，学生能够更深刻领会广府文化的精神内涵、历史和风俗民情。

（四） 粤语文化

本模块主要介绍粤语的由来、文字书写以及语言特点。介绍粤语所承载的广府文化内涵,体现广府文化的鲜明特色,学生能从粤语文化的学习中感受粤语的魅力,体会到语言文化的源远流长,能从中感知粤语文化的鲜明特点。

四、 课程实施

本课程使用已有的粤语口语教材,收集相关的粤语童谣、小故事和相关教学课件等。在课时安排上,本课程共计9课时。本课程的实施遵循三条原则。一是趣味性原则。由于是地域性方言教学,针对二年级学生的学习特点,主要采取趣味性和游戏性强的教学方法,融合课程内容,丰富学生的学习体验。二是主动性原则。教师在教学过程中,充分调动学生的学习主动性和积极性,使学生主动地学习,敢于表达和交流。三是实践性原则。学习方式主要以学生的实践性为主,围绕粤语童谣和广府小故事,让学生敢于将课堂中的所学运用于学习和生活中。具体实施方法如下。

(一) 讲授指导法

结合图片、视频、语言等教学手段,系统为学生讲解关于粤语的语言特点、历史演变、文字特点等内容,以介绍粤语文化、相关背景知识为主要线索,为后续的教学做好前期准备。

(二) 围坐研讨法

在教学实践过程中,学生通过围坐研讨的方式来进行小组学习,讨论交流彼此的语言学习能力,发挥集体智慧,加强语言口头表达能力。同时,教师鼓励学生在课下多积极思考和查阅相关资料,加强学生和学生之间的交流和沟通,培养小组成员间的团结协作能力,让每个学生都能参与其中,有所展示,有所收获。

(三) 情境体验法

设置对话场景,让学生参与其中,结合所学的常用基础粤语和说话技巧,运用口、耳、眼、手等多种感官于口语实践交流中,加深对于语言的表达能力,充分调动学生的学习热情和积极性,让学生自信地开口讲粤语,学会倾听他人,从粤语学习中收获更多乐趣。

（四） 生活实践法

生活就是口语交际的内容，也是知识的基础。鼓励学生将口语表达用于日常生活中，将语言运用于实践，从生活经验和已有的知识出发，学会自主探索语言的魅力。

（五） 成果展示法

学生通过对语言口语的学习，将自己探究和实践的结果采用多种形式展示出来，例如小组表演、手抄报、画图等。这是一个经验共享的过程，也是学生发现自我、欣赏他人的一个过程，有利于增进学生学习的成就感，培养自信心。

 五、 课程评价

根据本课程的教学特点，采用展示性评价和评选性评价。展示性评价主要通过个人展示和小组展示开展，基于本学期所学习的内容，以学生学习的过程和结果为评价对象，学生的书面和非书面的学习成果为评价内容，检测学生对语言学习是否掌握。评选性评价是对在整个学习过程中表现突出的学生或者优秀作品进行评选，给予学生积极肯定和鼓励。

（一） 展示性评价

以学期为单位，个人展示为 4 次，小组展示为 2 次，每位学生一学期参与展示活动 4 次以上，具体评价标准如下：

	展示时间	得分
个人展示	1 分钟以内	每人每次 1—3 分
小组展示	5 分钟以内	每人每次 1—5 分

每学期累计学分 1—5 分为合格，6—10 分为良好，11—15 分为优秀。

(二) 评选性评价

从多角度评选本课程中表现优秀的学生,例如开展"粤语小达人"、"最具默契小组"、"最佳作品奖"等一系列评选活动。

该课程通过多维度来展现教学成果,参与活动评价方式和教师评价方式相结合,有效提高学生学习语言的积极性,既尊重学生,更有效保证教学活动的真实性和实践性。

(执笔人：谢　敏)

课程 1-10

字母王国

适合对象： 一年级学生

一、 课程背景

26 个英语字母在不同的单词里其发音也会各不相同。对初次接触英语字母的学生来说，很难精确地记住这些字母发音的不同，极易产生字母读音的混杂。字母读音教学是小学英语字母教学的首要环节，极为关键。在教学过程中，应有意识地协助学生构建完善的字母读音体系。

26 个英文字母不只是英语的重要根底，同时也是小学生英语学习的首先接触的学问，它对学生的英语学习具有重要的意义。只有学生正确地辨识各个字母的发音，掌握字母的发音规律，才能为以后更快更好地识记与拼写单词夯实基础。由此可见，协助学生构建完善的字母读音体系具有极为重要的教学意义。

本课程的理念是：**趣味学字母，快乐游王国**。注重英语字母的教学，积极采用多元化的教学方式，增强字母课堂教学的互动性，激起学生对英语字母学习的兴趣，增加学生的英语学习成就感，让学生在轻松、愉快的学习环境中更好地学习英语，从而夯实学生的英语根底。趣味字母故事动画或经典绘本的引入，可以带领学生理解故事的内容，强化学生对每一个字母的音、形的认识。

二、 课程目标

（1）学习 26 个字母故事和字母歌，加深对字母的认识，增强对字母的记忆，对英语字母有更深一层的理解和认识。

（2）学习每一个字母的由来以及与此字母相关的故事，丰富对字母的想象，提高对全英解释字母的理解能力。

三、课程内容

本课程的主要内容是：通过动感的趣味字母故事动画或经典绘本的引入，带领学生理解故事的内容，强化学生对每一个字母的音、形的认识。通过优质故事、视觉画面、小组合作表演，展现学生对故事的理解和认识水平，这不仅能充分调动学生的学习积极性，而且能增强学生英语听、说、演、练的综合学习能力，培养良好的合作精神和团队意识。本课程以"趣味学字母，快乐游王国"为主题，内容包括了具体形象化的字母学习，以及用字母所编辑出来的故事。具体包括以下七个模块。

（一）字母之韵

本模块学习字母 Aa、Bb、Cc、Dd，主要内容是通过趣味字母故事动画或经典绘本等资源为导入，以听、看为前提，使学生感知有趣的字母，随之把认识的字母变成具体的形象，加深学生对字母的音和形的认识。再鼓励学生对每个字母进行故事创作。

（二）字母之乐

本模块学习字母 Ee、Ff、Gg、Hh，主要内容是通过趣味字母故事动画或经典绘本等资源为导入，以听、看为前提，使学生感知有趣的字母，随之把认识的字母变成具体的形象，加深学生对字母的音和形的认识。再鼓励学生对每个字母进行故事创作。

（三）字母之雅

本模块学习字母 Ii、Jj、Kk、Ll，主要内容是通过趣味字母故事动画或经典绘本等资源为导入，以听、看为前提，使学生感知有趣的字母，随之把认识的字母变成具体的形象，加深学生对字母的音和形的认识。再鼓励学生对每个字母进行故事创作。

（四）字母之美

本模块学习字母 Mm、Nn、Oo、Pp，主要内容是通过趣味字母故事动画或经典绘本等资源为导入，以听、看为前提，使学生感知有趣的字母，随之把认识的字母变成具体的形象，加深学生对字母的音和形的认识。再鼓励学生对每个字母进行故事创作。

（五）字母之魅

本模块学习字母 Qq、Rr、Ss、Tt，主要内容是通过趣味字母故事动画或经典绘本等资源为导入，以听、看为前提，使学生感知有趣的字母，随之把认识的字母变成具体的形象，加深学生对字母的音和形的认识。再鼓励学生对每个字母进行故事创作。

（六）字母之趣

本模块学习字母 Uu、Vv、Ww，主要内容是通过趣味字母故事动画或经典绘本等资源为导入，以听、看为前提，使学生感知有趣的字母，随之把认识的字母变成具体的形象，加深学生对字母的音和形的认识。再鼓励学生对每个字母进行故事创作。

（七）字母之实

本模块学习字母 Xx、Yy、Zz，主要内容是通过趣味字母故事动画或经典绘本等资源为导入，以听、看为前提，使学生感知有趣的字母，随之把认识的字母变成具体的形象，加深学生对字母的音和形的认识。再鼓励学生对每个字母进行故事创作。

 四、课程实施

本课程以趣味字母故事动画或经典绘本为主，歌曲为辅，教师引领学生进入故事内容，找出字母。在实施中，教师利用一节课讲解一个与字母相关的故事，从而连带与字母相关的单词导出并教学，为后续学习自然拼读奠定基础。学生小组合作表演的同时，教师在旁指导，帮助学生领悟字母故事，提高学生对故事的理解能力。课后，学生可以以小组为单元，录制表演视频，保留展示记录。本课程用时 10 课时，具体实施方法如下。

（一） 热身导入法

通过听、说、玩、演、唱和 TPR 等活动进行课前热身。"听"可以听歌曲、对话、简短的英语故事；"说"可以说对话、根据图片说一句话、讲小故事；"玩"可以做游戏；"演"可以表演对话或者小短剧；"唱"指唱英文歌曲；还可采用 TPR 方法。热身活动的目的是创设英语学习的氛围，激发学生学习英语的兴趣，以旧带新，为新课学习做铺垫。

（二） 故事呈现法

通过对故事的感知和欣赏，学生的思维、理解、体验都形成了一个过程。针对每个故事中出现的新字母，把握好重点、难点，创造接近学生真实生活的语言情境，来帮助学生理解、掌握故事内容，加深记忆，用真人、实物、动作演示、图画、电教手段等创设情境。经过呈现，学生已经初步感知、理解了语言，接下来就到了操练的阶段，操练对于字母的掌握具有重要的意义，感知和理解不能代替运用，要真正学会运用，必须有这种模拟的操练，操练有不同的层次和阶段，依次为机械操练、意义操练。

（三） 小组合作法

小组合作为学习者提供了一个分享和讨论的平台。学生在小组内或者同桌之间合作交流，分角色体验每个字母的故事。角色表演是为学生提供运用语言以达到巩固目的的极好机会。同时，角色表演也是激励学生表现自我、树立自信的一种方式，把课堂留给学生，让学生大胆地进行表演，人人有展示自我的机会，并给他们及时的表扬和鼓励，让每个人感受成功。

（四） 拓展演绎法

学生以自己对字母故事的理解去演绎和拓展故事。这是学生对知识运用的一种反映，也是知识运用的提炼和升华。

五、 课程评价

本课程在评价方式上，宜采取展示性评价，通过颁奖的形式来展现，分别有以下奖项。

（1）最佳故事大王奖。选出说故事最形象生动，最能准确表达内容的小演员，给该生颁发"最佳故事大王奖"。

（2）最佳字母表演奖。选出表演最符合字母的形态的学生，给该生颁发"最佳字母表演奖"。

（3）最佳小组合作奖。选出能正确掌握字母的音和形，并且能有声有色地描述字母故事，强调小组内成员合理分工、团结合作、默契十足的小组，给该小组颁发"最佳小组合作奖"。

（执笔人：吴　曦　罗　希）

课程 1–11

童声童韵

适合对象： 二年级学生

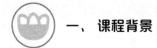 一、 课程背景

"童声童韵"是一种借助音乐节奏感较强的英文儿歌来说唱英语的教育课程，它把音乐与语言结合起来，此二者都含有句子、韵、重音和重复，通过说唱英文儿歌使低龄段的小学生对英语的发音、节奏、句子的结构等加强理解直至掌握，培养他们的正确发音能力，挖掘学生学习语言中的潜力，使学生在良好的语言氛围中得到发展。

"童声童韵"不仅可以启蒙学生的英语思维，增强学生的说唱功底，更为重要的是，通过该课程，大者可以使学生陶冶性情，开阔胸怀，结交益友，扩大社交；小者可以有效地培养学生对语言音律的美感，为后续的英语学习奠定扎实的基础和培养良好的语感。

本课程的理念是：**释放童声童韵之美，秀出童声童韵之情**。本课程针对低年级儿童，采用浅显易懂且节奏感较强的儿歌韵律，通过教师富有动感的领唱或利用 TPR 等方法让学生感受到童声童韵的魅力，学生在一次次的歌声韵律中释放自己，将自己的情感投入到表演中去，秀出情感。本课程不仅能丰富学生的识词量，还能从小培养学生对表演的兴趣，提高学生的表演能力，培养学生的正确发音能力。

 二、 课程目标

（1）丰富视野，能够初步主动认识字母、单词，乐于学习英语。

（2）激发学习英语的兴趣,提高表演能力。

 三、课程内容

本课程以"释放童声童韵之美,秀出童声童韵之情"为主题,内容包括：*Bingo*,*Mary Had a Little Lamb*,*Old Macdonald Had a Farm*,*You are My Sunshine*,*We Wish You a Merry Christmas*,*Jingle Bell*,*Edelweiss*,*Twinkle Twinkle*。分为四个模块。

（一）　音律之美

主要内容是通过视频学习 *Bingo* 和 *Mary Had a Little Lamb* 这两首歌。本模块主要采用的是律动感和节奏感强的歌曲,学生能体会到音乐律动的变化,感受到说唱英语的魅力,从而激发学生对童声童韵表演展示的兴趣。

（二）　经典之作

Old Macdonald Had a Farm 和 *You are My Sunshine* 这两首歌是儿童歌曲的经典之作。本模块主要是学习经典的英文歌曲,享受歌曲的欢快活泼,感受歌曲的优美旋律。

（三）　节日之情

We Wish You a Merry Christmas 和 *Jingle Bell* 是两首带有浓郁节日气氛的歌曲。主要内容是学习国外的节日,感受国外节日的气氛,熏陶西方文化。

（四）　中西之趣

语言是表达情感的最美体现,本模块学习 *Edelweiss*,*Twinkle Twinkle*,使学生重点领悟不同语言之美。这两首耳熟能详的歌曲在中外都是经典之作,同时拥有中英版本的歌词和旋律。

"童声童韵"与本土教材相结合,依托广州版小学英语的口语教材,结合教材中的 Let's sing 和 Let's chant,以及教师在教学过程中因教学需要创编的英文儿歌,教、学、唱英文儿歌,使低龄段的小学生基本能演唱英文儿歌 10—20 首。学生不仅能在轻松愉快的学习氛围中尽情地说唱,为他们发挥想象力和满足表达欲提供了平台,而且能提高团队合作的意识,锻炼人前开口的胆量,训练表达能力,培养语言素养。

 四、 课程实施

实施时,学生以个体或小组为单元进行课堂展示,采取对英文儿歌边听边练、开火车轮唱、个别展示、小组演唱等相结合的形式,分成个体学习、小组合作和同伴互助合作来完成各项活动,学唱英文儿歌,做英语游戏,体会英语韵律之美,表演英文儿歌。学期末学生以小组为单元,录制视频或音频,保留展示记录。本课程用时 12 课时,具体实施方法如下。

(一) 观摩鉴赏法

观摩优秀的英文说唱表演作品能够激发学生的表演欲望,使学生畅所欲言地发表自己对英文歌曲的理解和感受。

(二) 练习巩固法

学习表演技巧,通过模仿发音、换气、肢体语言等各方面,渐渐积累自己的表演心得。通过不断练习巩固技能,为最后的展示打下扎实的基础。

(三) 小组合作法

自主选择歌曲,自主排练,充分发挥学生的主观能动性,并在此过程中培养学生自主学习的能力和小组合作精神。同时,学生通过小组内合作交流,能够明白团结合作的重要性。最后的展示能让学生产生自豪感。

(四) 成果展示法

全体学生根据选定的主题,自主选择表演的歌曲,自备所需的道具在学期末展示。在排练的过程中,教师点化指导,学生自主修改,最后学生将自己的成果展示给观众看。

五、 课程评价

本课程在评价方式上，采取评奖的形式，分别设置以下奖项。

（一） 最牛欣赏家

此奖项选出鉴赏英文说唱表演方面表现突出和能大胆自信地谈论自己喜欢的表演的同学。

（二） 最佳语音奖

此奖项从学习技能方面选出发音标准、语音语调优美的同学。

（三） 认读单词王

该奖项选出认读英语单词的词汇量最多，能唱出最多歌谣的同学。

（四） 最佳演员奖

此奖项选出在表演中表现优秀的同学，要求动作生动、声情并茂。

（五） 最佳合作奖

此奖项以小组是否有积极配合，团结合作，共同克服在彩排中遇到的瓶颈和困难为标准，选出最佳团结合作小组。

（执笔人：莫舒雯）

课程 1-12

读者剧场

适合对象： 四年级学生

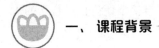

一、 课程背景

　　"读者剧场"（Reader's Theatre）是一种透过剧场活动来推广阅读的戏剧教育课程，把故事改写为小戏剧，让孩子大声朗读小型戏剧的脚本，有效地呈现一个个故事。采用朗读的形式可以创意性地展现任何题材、任何阅读水平的文学作品。有了出色的脚本，好的读者会通过声情并茂的表达，把故事中的人物和人物的思想、感情表现得淋漓尽致，使故事栩栩如生。"读者剧场"与传统的课文对话不同，不要求背诵，它是跨界朗读与戏剧的创意结合。"读者剧场"故事的特点是：短小精悍，幽默睿智，妙趣横生。"读者剧场"的活动所注重的是阅读和声情并茂地表演，流利顺畅地、有语气有表情地阅读，并且享受这个过程。孩子们是天生的模仿家，喜欢过家家，乐于扮演不同的角色，"读者剧场"便是他们发挥想象力和满足表现欲的平台。它能提高孩子们团队合作的意识，锻炼孩子们在人前开口的胆量，训练孩子们的表达能力，培养孩子们的语言素养。

　　"读者剧场"不仅可以提高学生的阅读能力，还能增强其艺术鉴赏能力。"读者剧场"具有语言的艺术性。作品的人物形象、故事情节都是运用语言来表现的，有声语言最能显示语言的风采和魅力。文学作品通过"读者剧场"可以再现作品描写的人物形象、环境气氛和生活场景，充分发挥它的艺术魅力和教育作用。同时，"读者剧场"能提升学生的文学修养、艺术情操，锻炼其表演技能。

　　本课程的理念是：**感受阅读之美，体验剧场之乐**。由于本课程针对刚接触"读者剧场"的四年级学生，因此采用的是浅显易懂的脚本，通过教师戏剧性范读、音乐渲染等方法让学生感受到剧场阅读的魅力，学生在一次次的剧场排练中释放自己，将自己的情感体验投入到表演中去,成为快乐的剧场达人。本课程不仅能丰富学生的识词量,还能从小培养学生对表演的兴趣,提高学生的表演能力,增强语言的流利程度,对身心发展也有好处。

二、 课程目标

（1）感受读者剧场的戏剧魅力,初步掌握阅读读者剧场中剧本的技巧,增强对剧本脚本以及文学作品的感悟能力。

（2）积累剧场表演的技能,培养表演能力,激发对戏剧表演的兴趣。

三、 课程内容

本课程以感受读者剧场为主题,内容分为三个模块。

（一） 剧场之乐

本模块包含的作品是：*The Little Horse Crosses the River*。这是一篇关于小马过河的故事,包含了 4 个角色,分别是：little horse, mother horse, aunt cow, squirrel。小马觉得自己长大了,可以为妈妈做事情,就提议帮妈妈背包,马妈妈便让小马把米袋送去猪叔叔的家,而猪叔叔家在河的对岸,于是在路上就发生了小马过河的故事。小马遇到了 aunt cow,问她河深不深,奶牛阿姨答不深,她刚走过。这时,小松鼠跳出来了,拦住小马,不建议他过河,因为河水很深,他的同伴被淹死了。小马感到很疑惑：到底应不应该过河？小马只好回家问妈妈,妈妈则告诉他一个道理：他们说的都没有错,要根据自身情况来看待问题,凡事要多思考。此剧场体现了故事的韵味,也教会学生其中的人生道理。

（二） 剧场之魅

本模块包含的作品是：*This is the Way I Go to School*。这个作品讲述的是上学的方式有哪些，一共有 5 个人物角色，通过歌曲的形式把这个作品表演出来，在歌曲中有语块的巩固，对学生来说朗朗上口，充满童趣，让人体验在上学途中的乐趣。如Reader 1 歌唱的内容是："This is the way I go to school." Reader 2 歌唱的内容是："This is the way I read in class." Reader 3 歌唱的内容是："This is the way I count to ten." Reader 4 歌唱的内容是："This is the way I play with friends." Reader 5 歌唱的内容是："This is the way my school is fun."在此模块中，学生主要通过歌唱来学习，氛围非常活跃，充分体现了剧场的魅力。

（三） 剧场之趣

本模块包含的作品是：*Cock-a-Moo-Moo*。这个作品有 5 个动物角色和一个旁白。它主要讲述的是在农场里有很多动物，可怜的 cockerel 忘记了怎么发出叫声，于是所有动物都来帮助他，大家都用自己的叫声来教 cockerel 如何叫喊，这时，cockerel 很不开心。前半部分主要展现的是各种动物的叫声。突然一天晚上，所有动物都睡着了，cockerel 睡不着，他听到了一阵声音，结果发现是一只狐狸来了，善良的 cockerel 赶紧叫喊，唤醒所有动物们起来赶紧跑，此时，他分别发出了各种动物的叫喊声，于是大家都醒了，都跑去赶狐狸走，最后，大家都称赞 cockerel 是个英雄。剧场最后以一首动物叫声的童谣来收尾，很有趣，也很有教育意义，实实在在地展现了每个角色的价值。

 四、 课程实施

本课程用时 12 课时。每个模块用 3 个课时完成前面的准备工作，1 个课时展示成果，具体实施路径与方法如下。

（一） 观摩鉴赏法

通过欣赏这些优秀的"读者剧场"作品，主要学习欣赏 1—3 阶剧场，体会到情感的变化，感受到剧场的魅力，从而激发学生对"读者剧场"的兴趣，产生对上台表演的向往。

（二） 技能训练法

教学内容包括连读训练、押韵训练、肢体语言训练和识词量训练。通过课上传授"读者剧场"技能，学生能够正确发声，让声音更加饱满，为正式表演做好准备。中年级学生的英语词汇量有限，课堂上欣赏一些"读者剧场"案例，课后广泛阅读，都能够帮助学生丰富识词量。技能训练是"读者剧场"展示的准备。

（三） 尝试实践法

分小组开展，自主选"读者剧场"脚本、配乐，自主进行"读者剧场"的排练活动。学生自选一个自己喜欢的脚本，自选合适的音乐，自创肢体语言进行"读者剧场"表演。

（四） 成果展示法

编排一场"读者剧场"表演。学生参与选材、选音乐、组建肢体语言、编排等每一个环节，通过一次次的排练，呈现出一个精彩的"读者剧场"节目，展示给自己的家人和观众。

 ## 五、 课程评价

对"读者剧场"课程的学习，学生以小组为学习单位，相互合作思考，相互探索比拼，从常规操行、听说技能、表现效果三个方面进行各奖项评价。通过情境朗读、模仿朗读、角色扮演等多形式地表现成果，课堂录制在学校的广播及电子班牌进行展示。本课程在评价方式上，采取评奖的形式，分别设置以下奖项。

（一） 最佳导演奖

在课程中，观察哪位学生具有导演能力，也通过对全体学生的调查，投票选出"最佳导演奖"，并颁发证书以资鼓励。

（二） 最佳人气奖

在最后的成果展示后，现场投票选出"最佳人气奖"，或者以网络形式发起投票，并颁发证书以资鼓励。

（三） 最佳男主角

此奖项通过现场展示的评委选出。在展出时，观察各位男演员的整体表演，设置一些标准选出最佳男演员，并颁发证书以资鼓励。

（四） 最佳女主角

此奖项通过现场展示的评委选出。在展出时，观察各位女演员的整体表演，设置一些标准选出最佳女演员，并颁发证书以资鼓励。

（五） 最佳台风奖

在展示"读者剧场"时，以演员们的现场表演能力为标准，现场评委评选出最具台风的小演员，并颁发证书以资鼓励。

（六） 最受欢迎角色奖

"读者剧场"展示时，根据现场观众投票选出最受欢迎的角色，并颁发证书以资鼓励。

（执笔人：陈思颖）

课程 1–13

美文美读

适合对象：六年级学生

 一、课程背景

"美文美读"课程是一种通过美读来推广阅读的教育课程。审美的感官需要文化修养，借助修养才能了解美，发现美。审美教育作为素质教育的重要组成部分，也应始终贯穿于教育教学的全过程。美文可选材于现实生活，亦可以选材于英文经典诗歌、简短精辟的小文。美文是美的世界，美文教育是美的事业，"美文美读"活动可以引导学生在诵读中感知美，体验美，表达美，进而创造美。学生在读的过程中将作者所要表达的情感读出来，不但了解作者说些什么，而且与作者心灵相通了，无论兴趣方面还是受用方面都有莫大的帮助。

"美文美读"不仅可以培养学生健康的审美情趣，也可提高学生英语的听、说、读的能力，锻炼学生人前开口的胆量，培养学生的表达能力和语言素养；更为重要的是能让学生拥有开拓性的视野，获取更丰富的英文表达方式，提升人文素养，增加英语学习的兴趣。美文的教学也不应局限于英语的世界，在感受英语语言文字典范，体悟西方民族的品格的同时，让学生了解到英文和中文在某些方面的互通性，最终达到以一通二之功效。

本课程的理念是：**感文字之美，享读书之乐**。本课程针对的是具有一定思辨力的六年级学生，所以采用的是大浪淘沙后流传的典范、权威之作。该课程以人文知识为"引子"，以教师的示范引领为主导，以学生自读、互读、小组读为主体学习过程，利用英文的升降调、意群、气群及停顿规律进行朗读输出，让学生在一次次的朗读中绽放自我，抒发自我。感受西方民族的品格与精神，在一字一句中感受快乐，在一篇一章中接受熏陶。我们希望通过一个学期的学习,让学生对学习西方经典诗歌文化产生积极性,充分发挥他们的想象力,使他们的思维能力受到锻炼,唤醒他们的求知欲和探索欲。

二、 课程目标

（1）感受经典西方文化,激发兴趣,提高感知力。

（2）通过朗读指导和实践活动,提升语音语调水平,习得朗读语感,在"美文美读"的氛围中自信说,流利说,喜欢说。

三、 课程内容

英语的学习离不开听、说、读、写四个模块。"美文美读"的第一个部分就是阅读,通过阅读不同体裁的美文,学生将具备较为丰富的知识储备和一定的审美情趣。第二个部分则是听,通过听不同人的朗读,增强学生对英文的敏感度。第三部分则是读,学生在了解升降调、意群、气群、停顿规律后,带有丰富感情色彩地读经典诗歌、短文。最后一部分则是说,让学生在流利说英文的同时初步形成个人价值观,有家国意识,尊重个性独立和个人见解。本课程以传统经典的西方英语诗歌为主旋律,内容分为两个模块。

（一） 西方之美

本模块所挑选的是苏格兰诗人罗伯特·彭斯的经典著作 *My Love is Like a Red Red Rose*。本首诗歌将会分成四个部分让学生来学习。第一个部分将会介绍诗人和他的代表作及其在西方诗歌史上的影响。因为诗歌对于小学生来说难度较大,所以第二部分会翻译较难的单词和整篇诗歌的意思。第三部分则是重点让学生来诵读,划分节奏有感情地朗读,在了解文化内涵以及作者写诗时的心境后,相信学生可以读得很美。第四部分则是简单的从"格"、"韵律"、"主题"来赏析诗并找出中国相似的诗从而做比较。

（二） 东方之雅

本模块所挑选的是一篇带有寓意性的小故事，故事的名字是 *A Child's Angel*。故事很简短，单词不是很难，可以让学生课前自主预习。本篇文章将分成三个部分进行学习，第一个部分扫清字、词、意，虽然文章不难，但是让六年级的学生来理解还是有一定的难度，事先扫清障碍可以达到事半功倍的效果。第二部分是掌握中心思想，对中心大意的准确把握可以更准确地表达情感从而诵读。第三部分则是有感情诵读、整体诵读和分角色诵读，在有时间的情况下可以分角色表演。

四、 课程实施

本课程首先通过视频整体感知，让学生初步了解本堂课要学习什么，为后续的学习做铺垫。其次播放不同人所读的音频，让学生掌握诗文的基本格调，同时增强听力能力。然后一句一句地讲演，加深学生对所选诗文的理解，通过技能训练，让学生掌握英诗的音韵特点，正确发音，正确朗读。最后集体展示，学生以小组为单位，自选材料，自由组合，向大家展示成果。本课程用时 12 课时。具体实施方法如下。

（一） 观摩鉴赏法

教师讲解所选美文的理由及原因，交代所选西方文章的背景，介绍作者及其人生经历，使学生对西方文化有初步的了解。通过讲解欣赏，培养学生自主鉴赏的能力，激发学生的兴趣。主要内容是使学生了解所选用的美文诗歌的年代和背景，初读文章，了解大概意思，带领学生整体翻译，有些单词不能表面化翻译；使学生体会作者的情感，激发学生的好奇心，从而帮助学生产生对学习所选美文的兴趣。

（二） 练习巩固法

在对西方诗歌有一定的了解后，通过对经典人物的模仿，包括升降调、意群、气群、节奏,渐渐提升语感。通过不断的巩固与练习,慢慢地会读诗,读好诗,同时注重听力能力训练和朗读能力训练。

（三） 小组合作法

根据学生的实际兴趣与爱好自选小组,自主选择美文,自主排练,自主编排音乐,增进学生的主人翁意识。在此过程中使学生能进行较为深入的思考,有个人观点,并能够有条理地陈述、表达。

（四） 成果展示法

在学期末,以小组合作的方式向所有人展示。在排练的过程中,教师点化指导,学生自主思考。在向大家说明选择理由的时候应该清楚明了,具有深刻性和逻辑性。

五、 课程评价

本课程在评价方式上采用评奖的方式,将设置"最佳美读奖"、"最佳人气奖"、"诵读达人奖"。

最佳美读奖：小组合作,在本学期所学的两篇诗歌、美文中选取一篇自己喜欢的进行朗诵,并把它拍成视频。全班同学作为评委有一票权,将票投给自己喜欢的小组,得票最多的组获胜。

最佳人气奖：小组合作,选取自己喜欢的文章进行排练,排成一个小故事边演边诵。邀请教师来观看,每位教师有一票投给自己最喜欢的小组,票数最多者获胜。

诵读达人奖：以学生个体为单位,学生脱稿进行诵读,教师和学生每人有一票,投给自己喜欢的人,得票最多者获胜。

（执笔人：姜成成）

第二章　健康之乐：让运动挥洒汗水

健康是"与地为伍，劈波踏浪，与天为伴，梦想飞扬"的气魄；健康是"老骥伏枥，志在千里。烈士暮年，壮心不已"的自信；健康是"时人不识余心乐，将谓偷闲学少年"的愉悦；健康是"外融百骸畅，中适一念无"的气韵；健康是"问君何能尔，心远地自偏"的境界……

培根说："健康的身体是灵魂的客厅，有病的身体则是灵魂的禁闭室。"爱默生说："健康是人生的第一财富。"我们常说："身体是革命的本钱。"身心健康问题越来越受到现代家庭和社会的关注和重视。而体育锻炼能使人头脑发达，思维敏捷，能使人的身体各部分功能得到最佳发挥；体育锻炼也能使人精神愉快，心情舒畅，有益于人的心理功能的提高，促使心理健康发展。所以，体育锻炼无疑是促进人体身心健康的最佳手段。对于健康，徐特立老师告诉我们："必须从年轻时期就打好基础，随时随地去锻炼身体。"

体育课程作为中小学课程体系的重要组成部分，是一门以学习体育与健康的知识、技能和方法为主要内容，以身体练习为主要手段，以发展学生体能和增进学生健康，培养学生终身体育意识和能力为主要目标的必修课程；也是学生锻炼身体、增强体质和提高体育素养的主要课程。

我校"健康之乐"课程以"体魄强健、自信阳光、自强不息"为育人目标，内容由三个模块构成。一是"运动初体验"。主要针对低年级学生，他们对运动认识不足但又对所有运动项目充满好奇，因此可以针对小朋友的心理特点开展学生喜欢的体育运动激发学生的学习兴趣，而体育兴趣与体育学习活动效果常常是成正比的。在身体素质与原有技能水平大体一致的情况下，对体育感兴趣的人比无兴趣的人活动效果更优。在这一模块中开设了"动感啦啦"、"捷足先登"等课程,让学生积极参与体育运动,享受运动的乐趣。二是"运动齐参与"。主要针对掌握了一定的运动技能和规则的三、四年级学生。让他们充分地参与到体育运动中,对各个项目的技术动作也提出了一定的要求。在这一模块中开展了羽毛球、篮球、武术等有规则有套路的运动项目,让学生通过技能的学习,掌握知识、规则,配合多样化的教学方法,有效地激发学生更深层次的思考,培养运动思维,培养学生的应变能力,为今后的体育运动学习拓宽思路。三是"运动成习惯"。主要针对高年级的学生,他们对各项体育运动有了一定的技术水平,也从当初的好奇到参与到体育中来,最后爱上体育,让体育成为自己的生活习惯,为终身体育奠定基础。在这一模块中主要开展了网球、篮球和花式跳绳等项目,让学生在运动中学会拼搏、团结互助。无论是亲身沉浸在运动中,还是仅仅作为旁观者,在身体碰撞、忘情吼叫时,人体产生多巴胺、血清素、正肾上腺素,这些神经递质的作用就是让人心情愉快、精神亢奋。也有人说过:"经过运动洗礼的人,才更能重拾对生活的信念,更有可能三观正确、心理健全。"

"健康之乐"课程通过"跃"、"学"、"健"、"智"和"互"五种方式实施。"跃"突出跳绳校本特色,打造"金绳计划",引领学校体育发展,增强学生兴趣爱好。学校为每人配置一根跳绳,课间跳,课上跳,课后跳,回家带动家人一起跳,全面发展学生的身体素质,增强耐力、灵活性、协调性和上下肢的力量,使学生拥有良好的身体素质基础。"学"将体育课分为"2+1"大课形式,分年级组授课,每周三节体育课,其中两节为体能课和校本跳绳课,体能课是培养体育能力,发展身体素质,跳绳课为校本课程。"健"由"金绳计划"支持,将校外培训和校内训练相结合,开展丰富的校园体育活动,如足球、篮球、网球、游泳、羽毛球等项目,通过形式多样的教学手段,丰富多彩的活动内容,培养学生参与体育活动的兴趣和爱好,形成坚持锻炼的习惯和终身体育的意识。"智"是在网络上上传运动技能的视频、微课、小短片,学生在家可以自主地预习、学习,父母也可以进行指导,使得体育活动变成亲子活动,丰富课余生活。"互"体现在相互学习、相互对比上。根据学校的"金绳计划"指引,学校的每个月都会进行以班级为单位的跳绳比赛,"云荟"奖杯在冠军班级流动,激发学生集体荣誉感和团结协作的精神,同时也奖励30秒速度单摇的最高纪录者。学校每年11月进行盛大的体育节活动,比赛内容丰富多样,如田径比赛、趣味体育比赛、跳绳比赛、队形队列比赛等,增强学生的体育兴趣,丰富校内的活动。同时,比赛也可以在互联网上进行,如跳绳比赛,可以在家录制视频,上传比赛视频,教师在校内评奖。

　　淡化"竞技运动"意识,树立"健康第一"思想,重视体育课程的功能开发,增强体育课程的综合性,培养学生的运动兴趣,树立学生"终身体育"的观念,培养学生的意志品质,提高学生的社会适应能力。以人为本,重视学生的主体地位,关注个体差异与不同需求,确保每一个学生受益。重视体育课程资源的开发,让学生在学会知识的同时,学会探究,学会合作,学会应用,学会创新,在东荟小学健康快乐地成长!

（执笔人：高琳雅　李国英）

课程 2-1

金绳雅韵

适合对象： 六年级学生

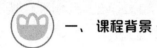

一、课程背景

跳绳是我国一项普及较好的传统体育项目,有着"完美运动"的美誉。但大多数人对跳绳的认识往往只停留在自摇自跳、双人摇多人跳等比较传统的玩法上。随着社会的发展与进步,传统的跳绳与舞蹈、体操、武术等项目融合后形成"花式跳绳"体系,使得这一项目焕发出新的生机。世界跳绳组织成立后,有 40 多个国家纷纷成立了自己的跳绳推广中心和跳绳联盟,使得该项目得到较好的推广与实施,也渐渐被越来越多的学校引入体育课堂,用于体育教学。

跳绳有着简单易学、不受场地和天气限制、成本低廉、健身效果好等诸多特点,一直保持着较好的民众参与度,融入舞蹈、武术、体操等元素后,跳绳项目兼观赏性、娱乐性、趣味性为一体,更加容易受到学生的喜爱,这为跳绳项目作为校本课程提供了可行性依据。

本课程的理念是:**跳绳精彩,跳出未来**。根据国家课程改革精神,结合学校近年来特色建设成果,我校的跳绳校本课程应运而生。为了扎实有效地实施好本课程,特制订本课程实施纲要。

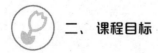

二、课程目标

(1)掌握跳绳运动的基本知识、基本技能和方法,并能在日常锻炼中加以运用。

（2）通过跳绳训练，发展速度、耐力、身体协调性、核心力量等能力，培养良好的思想作风、顽强的意志品质、强烈的竞争意识、高尚的团队协作与互助精神。

 三、 课程内容

本课程内容主要针对高年级学生的花式动作，以花式跳绳二级动作为主要学习内容，具体包含以下两个模块。

（一） 协调性模块

1. 弹踢腿跳

两手持绳向前摇，踝关节绷直与小腿向前方弹踢，左右脚交替进行，一拍一动，左右各四次，完成弹踢腿跳。

2. 后屈腿跳

两手持绳向前摇，当绳子过脚位于空中时，一脚向后折叠后踢，另外一脚直立跳跃过绳，反之为另外一脚折叠后踢，一脚直立跳跃过绳，一拍一动，左右边各四次，完成后屈腿跳。

3. 钟摆跳

两手持绳向前摇，当绳子过脚位于空中时，一脚向同一侧摆动，另外一脚直立跳跃过绳，反之为另外一脚动作，一拍一动，左右边各四次，完成钟摆跳。

4. 吸腿跳

两手持绳向前摇，当绳子过脚位于空中时，一脚向前上方提膝，另外一脚直立跳跃过绳，反之为另外一脚动作，一拍一动，左右边各四次，完成吸腿跳。

（二） 灵活性模块

1. 踏跳步

两手持绳向前摇，双脚做踏跳跳跃，一摇一跳，完成踏跳步。

2. 左右侧摆直摇跳

两手持绳向前摇绳至左边体侧甩绳，再向右边甩绳，接着两手打开成直摇姿态，双脚并拢跳跃过绳,完成一个完整动作。

3. 手臂缠绕

两手持绳向体侧甩绳缠绕同侧手腕一圈,再稍转体摆至另一侧反向打开所缠绕的绳子;相同动作反向再做一遍,完成一个八拍。

4. 前后转换跳

完成此动作分成两拍,第一拍为两手持绳向前摇绳,双脚并拢跳跃过绳一周,第二拍为双手持绳从身体的一侧随身体转动 180 度,成后摇绳姿态,接着再转成正面 180 度直摇绳,动作总共三个面(即正、反面),便成前后转换跳。

 四、 课程实施

本课程根据模块内容分段进行,共设 20 课时。其中六年级上学期完成第一模块,下学期完成第二个模块。具体实施方法如下。

(一) 讲授式的教学方法

教师主要运用语言方式,系统地向学生传授科学知识,传播思想观念,发展学生的思维能力,发展学生的智力。通过简单的讲解,使学生掌握跳绳的方法。

(二) 实践体验法

体验式教学法创建的是一种互动的交往形式,强调重视师生的双边情感体验。教学过程既是师生信息的交流过程,也是师生情感的交流过程。教师爱学生,尊重每个学生的人格,重视学生,欣赏学生,倾听学生的意见,接纳感受,包容缺点,分享喜悦,让学生体验到亲切、温暖的情感,从而产生积极的情绪和良好的心境,在积极向上的精神状态下愉快地学习,并能主动克服困难,奋发进取。

(三) 循环练习法

根据练习任务的需要选定若干练习手段,设置若干个相应的跳绳练习站(点),学生按规定顺序、路线和练习要求,逐站依次循环练习。这是一种综合形式的练习方法,比较生动活泼,能提高学生的练习情绪和积极性。

（四）　重复练习法

这是根据练习任务的需要,在相对固定的条件下反复进行练习的方法。在不改变动作结构及其外部运动负荷的情况下,按一定要求反复进行跳绳练习,各次(组)练习之间的间歇时间要使运动员完全恢复,每一次跳绳练习都要在完全恢复的条件下进行。重复训练法主要用于提高运动员的速度素质。

（五）　核心力量练习法

核心力量训练指的是一种力量训练的形式。所谓"核心"是人体的中间环节,就是肩关节以下、髋关节以上包括骨盆在内的区域,是由腰、骨盆、髋关节形成的一个整体,包含 29 块肌肉。核心肌肉群起着稳定重心、传导力量等作用,是整体发力的主要环节,对上下肢的活动、用力起着承上启下的枢纽作用。强有力的核心肌肉群,对运动中的身体姿势、运动技能和专项技术动作起着稳定和支持作用。通过核心力量练习,使学生在跳绳中更能发挥出最高水平。

 五、　课程的评价

（一）　花样少年评比

完成模块教学后,进行花样跳绳比赛,比赛内容为：个人二级动作、集体二级动作、双人车轮赛、一带一比赛。统一组织体育教师观看比赛并评分。

（二）　比赛检验法

比赛是用来检验训练、指导训练的好方法,通过参加市赛、省赛、国赛等,积累比赛经验,加固动作。

（执笔人：高琳雅）

课程 2-2

青出于"篮"

适合对象：五年级学生

 一、课程的背景

　　"青出于'篮'"是一门针对五年级学生开设的篮球入门课程，取名于"青出于蓝而胜于蓝"。篮球运动源于美国，是一项集竞技、健身、娱乐和益智为一体的集体性运动项目。篮球运动具有较强的集体对抗性，其独具的比赛结果不确定性、观赏性和娱乐性，都是吸引小学生参与篮球活动的重要因素。这也使得篮球成为小学生最喜欢的运动项目之一。

　　篮球运动在促进学生运动技能、身体健康、心理健康和社会适应能力等方面具有重要价值。篮球活动不仅能使学生掌握和运用健身知识技能，而且对锻炼身体的综合效果好，对促进青少年身体的正常发育和培养优良品质具有重要意义。学生通过打球，能够充分地调动运动思维，增强学习的信心，培养良好品质。

　　本课程的理念是：**动感篮球，快乐自信**。根据国家课程改革精神，结合学校近年来特色建设成果，我校的篮球校本课程应运而生了。为了扎实有效地实施好本课程，特制订学校校本课程实施纲要。

 二、课程目标

　　（1）了解篮球运动，初步掌握篮球的有关知识与技能，发展学生的速度、灵敏度、协调性及上肢力量等身体素质。

（2）参与篮球比赛活动，在活动中掌握比赛规则，提高克服困难的能力，增强集体荣誉感。

 三、课程内容

（1）传、接球技术：胸前双手传接球；传、接地面反弹球；对面肩上单手传接球；迎面换位传接球；对墙传接球。

（2）篮球游戏：叫号出列运球比赛；头上胯下传球比赛；抛球叫号接球；十字拍球接力；运球过障碍占圈；追目标；绕身传球接力；运球追拍；交叉传球；横跨步单手击地传球；三角运球传接球。

（3）球性和移动：球绕环；变向跑；侧身跑。

（4）运球技术：高手运球；左右手交换运球；运球"8"字绕杆；遇障碍换手运球；四角二球传运结合。

（5）传、接球技术：行进间双手传球；两人运球传球交换；双人传四球；三角循环传球；六人多球循环传球。

（6）投篮技术：双手胸前投篮；原地投篮；运球（三步）上篮。

（7）教学比赛：半场三对三比赛。

 四、课程实施

本课程根据模块内容分段进行，共设 25 课时。其中五年级上学期完成第一、第二模块内容，下学期完成第三模块内容。具体实施方法如下。

（一）影视教学法

体育教师在讲解动作和战术分析的时候可以引用教学视频资料。篮球教学可从激发学生兴趣入手，发挥体育学科自身的优势，通过激发学生学习的主动性和创新意识,促使学生积极主动学习,使获得篮球知识和技能的过程也成为了解篮球运动、培养能力、联系社会生活实际和形成科学价值观的过程。

（二） 示范模拟法

示范模拟法是教师通过展示各种实物、教具,进行示范性实验,或通过现代化教学手段使学生获取知识的教学方法。示范模拟法常配合讲授法、谈话法一起使用,它采取正确的动作示范与生动形象的讲解相结合的方式,对提高学生的学习兴趣,发展观察能力和抽象思维能力,减少学习中的困难有重要作用,学生通过模仿教师的技术动作,得到锻炼。

（三） 游戏教学法

这是采用以篮球活动性游戏为主体的篮球游戏教学。选编适合小学生年龄特征和项目特点的游戏,融合球性、球感练习于游戏之中,将基本技能练习隐含于个体或集体的游戏活动之中,让学生在玩耍中熟悉球性、掌握简单的基本技能,提高控制球的能力,形成集体协同意识。

 五、 课程评价

校本课程评价在校本课程开发中也起着导向和质量监控的重要作用,是校本课程开发成败的关键环节。通过测试考核,在每个模块学习完成后成绩优秀者获得"篮球小达人"、"篮球神射手"、"篮球全能王"称号,激励每个学生不断努力超越自我。

测试项目:1.一分钟投篮;2.篮球技巧;3.实战(三对三)。

测试方法:

（1）一分钟投篮:一分钟内在以篮圈垂点为圆心,半径为 2.5 米的圆弧线外投篮（自抢自投）,超过 8 球记 10 分,7 球记 8 分,以此类推。

（2）篮球技巧:模仿 NBA 技巧赛规则,运球绕障碍、击地传球、上篮。时间 40 秒内记 10 分,38 秒记 9 分,以此类推。

（3）实战：三对三半场教学比赛。教师根据每个队员的篮球基本技术、传切配合意识、跑位意识进行综合评价。满分 10 分。

（执笔人：黄　强）

课程 2-3

水中蛟龙

适合对象： 五年级学生

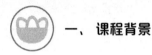 **一、 课程背景**

　　游泳运动是人类历史文化宝库中的一颗明珠，远古时代，人类为了适应生存环境，逐渐学会了游泳。

　　作为一项良好的生存技能训练和强身健体运动项目，游泳项目于 1896 年进入现代奥运会，后来逐步在中小学生体育课堂中展开。对广大中小学生来说，游泳不仅是现代社会一种必备的生活技能，还有着很重要的实用价值。经常游泳有利于增强心肌功能，增强抵抗力。经常参加冬泳的人，由于体温调节功能改善，就不容易伤风感冒，还能提高人体内分泌功能，使脑垂体功能增加，从而提高对疾病的抵抗力和免疫力。2017 年广州市招生考试委员会公布的体育考试项目规则与评分标准中，首次把游泳作为体育中考选项。广州夏季长冬季短，玩水、涉水机会比较多，所以这里的学生更应该学会游泳。

　　本课程的理念是：**人人会游泳，生生有技能**。游泳运动对促进人体健康，发展形体健美的功效是不言而喻的。通过游泳运动也能使人身体强健、意志顽强。一直以来人们都把游泳运动作为一项重要的休闲娱乐健身方法。

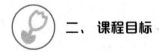 **二、 课程目标**

　　（1）了解游泳运动相关知识，掌握游泳动作要点，培养连续游的能力。

（2）找到适合蛙泳的训练方法、手段，采用分解练习，掌握间歇游和长距离游，培养速度能力和有氧耐力。

 三、 课程内容

本课程内容主要针对游泳动作和技能，以基本动作为主要学习内容，具体包括以下三个方面。

（一） 呼吸

展开熟悉水性、闭气、呼吸的练习，练习水上漂浮和蹬蛙泳腿。

（二） 蛙泳手　蛙泳腿

呼吸练习，熟悉蛙泳腿，漂浮、呼吸与蛙泳腿配合。呼吸练习，学习蛙泳手，配合起来，从三腿一手一呼吸过渡到一腿一手一呼吸。

（三） 美丽蛙泳

蛙泳分解动作完整配合，一次腿一次手一次呼吸练习，要求能独立连续游100米，加强蛙泳完整动作练习，纠正动作，学习反蛙泳、踩水。蛙泳配合游200米，呼吸配合要求比较好，掌握反蛙泳、踩水。针对个别差的同学，专门练习，提高技术动作。

 四、 课程实施

本课程根据模块内容分段进行，共设20课时。其中五年级上学期完成第一、第二模块内容，下学期完成第三模块内容。具体实施方法如下。

（一） 影视教学法

影视教学法有三个优点，首先是能提高学员的参与度和投入程度；其次是学习结果的多样性，思考能力的训练在完全立体互动中得到体现；第三是联系实际的应用性，以及实战的操作性得到明显的提高。体育学科本身有自己独特的优势：教师在讲解的时候还可以引用人物故事、明星故事，可以带着全体学生去看视频资料。因此，游泳教学可从激发学生的兴趣入手，发挥体育学科自身的优势，通过激发学生学习的主动性和创新意识，促使学生积极主动学习。影视教学法具有内容生动，易接受，易理解，能提高学生的参与度，可调动学生的积极性，更具实战性，更容易模仿的优势。具体步骤如下。

（1）陈述观点：教师先做一个引导，让学生在限定的方向去思考，和课程紧密结合。

（2）观看影片：根据主题播放影片，用娱乐调动大家的积极性，寓教于乐，由浅入深。

（3）小组讨论：逐一发言，由专人记录在册。

（4）学生实践：学生根据内容亲身实践，体会学做一体的乐趣。

（5）点评升华：教师点评重点及难点，升华知识。

（二） 示范模拟法

示范模拟法是指教师通过展示各种实物、教具，进行示范性实验，或通过现代化教学手段，使学生获取知识的教学方法。适时采取正确的动作示范与生动形象的讲解相结合的方式，可以使学生通过模仿教师的技术动作，得到锻炼。有条件的学校也可充分使用现代化手段进行教学，使学生尽快地理解和掌握游泳动作要领，并紧密结合游泳实践，在体验中纠正错误动作，进一步掌握和提高动作技能。

（三） 情境教学

情境教学是指通过为学生提供一个相对完整、真实的情境，还原知识产生的背景，使其更生动和丰富，使个体更真实地融入到情境中去，亲"心"体验其过程，并以此为基础，使个体产生学习的需要和兴趣，进行自主学习，从而达到主动建构知识，产生感悟，生成意义的目的。其实际上是把教学内容形象化，既激发了学生的学习兴趣，又使学生感受到生动的画面，引发学生联想，激发情感，催动灵感。

（四） 游泳竞赛法

在游泳教学中，应通过多种途径和方法培养学生的学习兴趣。如水陆交替练习法、分组互帮互助练习法、游泳竞赛法等，既有利于学生克服怕水心理，树立学生游泳的自信心、决心和毅力，又使课上得生动活泼、有趣。游泳教学中，必须坚持循序渐进的原则。教学内容由易到难，由简到繁，由浅入深，循序渐进，逐步提高要求，以利于学生接受。

 五、　课程评价 ···

课程评价坚持指导性原则和科学性原则，同时兼顾对课程实施的过程性评价和终结性评价，针对不同内容实施不同评价方法，最后按不同占比采取终结性评价。具体做法如下。

（一）　游泳小达人

在学习游泳的过程中，对学生的作业完成质量进行评分积累。学完本模块内容后，进行检测，检测结果折算成评分累加，以学生最后的积分情况作为在该模块学习的评价。同时通过参加训练的次数和综合评比，评出"游泳小达人"。

（二）　水上飞人

在完成学习的三个模块后，对学生的蛙泳速度进行检测，男女分组进行 50 米、100 米的速度蛙泳比赛，根据比赛成绩评出"水上飞人"。

（三）　最佳团队

在完成学习的三个模块后，按照学生的年级、性别进行分组，进行 4×50 米的接力比赛，评出"最佳团队"。

（执笔人：谢　冰）

课程 2-4

武林盟主

适合对象： 四年级学生

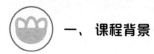 **一、 课程背景**

武术又称国术或武艺，是中国传统体育项目。中华武术的历史源远流长，内涵博大精深，是中华民族宝贵的文化遗产之一。武术在农耕文明的历史背景下形成和发展，在长久的社会实践中不断积累和丰富，其内容精彩，形式多样，有实战、健身、体育竞技、表演等表现形式，集踢、打、摔、拿等攻防动作与手型手法、步法、平衡、跳跃等动作于一体。作为国粹的中华武术，在中小学的开展并不乐观，全国中小学中不到三分之一的学校开设了武术课。随着体育中考考试内容的改革，武术纳入到中考考试范围内，促使各中小学对于武术的重视程度增加。现阶段在国家政策支持下，相信中小学校园的武术能得到更好的推广与实行。

在中小学中通过开展学校武术课，可以加强中小学生身体素质的锻炼，为武术文化的发展和传播奠定基础。武术是中华传统文化的载体之一，中小学生通过武术的学习和练习，可体会到中华武术的文化魅力。武术进校园不仅提高了学生的身体素质，还丰富了学生的体育课堂内容，使武术特有的教育价值在学校教育中得到了充分的利用。

本课程的理念是：**育武魂，展新风**。本课程主要内容是了解武术发展历史及武术名人，学习武术基本功及基本动作，培养学生良好的锻炼习惯并形成科学稳定的体育价值观和健康意识。通过武术教学培养学生忍耐、坚强、谦虚和诚实等武德修养，展示出学生活泼、阳光和知书达理的精神风貌。

二、课程目标

（1）了解武术的意义以及武术的健身功能，学会武术的常用术语和练习方法，在生活和学习中养成良好的运动习惯。

（2）练习武术的基本功，掌握武术和武术操的基本动作内容，熟悉集体小组的练习方式，在集体演练中学会与同伴团结协作。

三、课程内容

本课程内容主要是对中国传统武术的学习和体验，具体包含以下模块的内容。

（一）武术发展历史及武德教育

中国武术是由中华民族创造和发展起来的，也是中国四大国粹之一。武术在中国具有悠久的历史，其起源可以追溯到原始社会，原始人狩猎中的格斗和搏杀技能，以及原始战争中的单人应战技能等都是武术的萌芽。先秦和汉代时，人们热衷习武练拳，使武术得到快速的发展。唐代是中国武术的兴盛时期，武举制开始，不少武术人才脱颖而出。到了宋代，武术的发展走向成熟。崇德尚武，发扬民族精神，是今天我们所提倡武德的基本原则。武德在发展过程中，从最初维护民族利益的道德观，到把国家、民族的利益放在首位，使尚武与尚德紧密结合，构成了中华民族精神的主体。崇德是尚武的前提，尚武是崇德的反映，通过崇德尚武，最终要发扬自强不息的民族精神，为社会作出贡献。

（二）武术基本动作

1. 武术基本手型

（1）掌：四指伸直并拢向后伸张，拇指一节屈拢于食指一侧，掌面要平，四指不准突出掌面。

（2）拳：四指卷拢，拇指屈压于食指中节。

（3）勾：五指尖捏拢，屈腕。

2. 武术的基本步法

（1）弓步：前脚微内扣，全脚掌着地，屈膝半蹲，大腿成水平，膝部约与脚面垂直；另一腿挺膝伸直，全脚掌着地；上体正对前方，两手抱拳于腰间。

（2）马步：两脚平行开立，两脚距离约为脚长的三至四倍，膝盖弯曲，脚尖平行向前。上体正直，膝盖不过脚尖，大腿与地面平行，目视前方。

（3）仆步：两腿平行开立，两脚距离为脚长的四至五倍，一腿屈膝全蹲，膝部与脚尖外展。另一腿伸直平仆，接近地面。两脚全脚着地。左腿伸直为左仆步，右腿伸直为右仆步。

（4）虚步：两脚前后开立，后腿屈膝半蹲，脚尖斜向前，全脚掌着地，重心落于后腿；前腿微屈，脚面绷平，脚尖稍内扣虚点地面。两手握拳于腰侧或平伸。

（5）歇步：两脚交叉屈膝全蹲，前脚全脚掌着地，脚尖外展；后脚脚跟离地，臀部与后脚跟贴近。

（三）武术集体练习

学习武术基本动作后，进行武术的集体练习。通过学习武术的套路动作来提高学生的集体荣誉感。集体练习的动作以长拳二路套路为主。以下为长拳二路动作内容。

第一节：预备势——拗弓步搂手冲拳——冲拳弹踢——马步上架冲拳——虚步挎肘——拗弓步搂手冲拳——冲拳弹踢——马步上架冲拳——虚步挎肘

第二节：歇步亮掌——转身弓步顶肘——提膝双扣拳——弓步双推掌——歇步亮掌——转身弓步顶肘——提膝双扣拳——弓步双推掌

第三节：虚步推掌——歇步抡压——提膝上穿掌——弓步撑掌——虚步推掌——歇步抡压——提膝上穿掌——弓步撑掌

第四节：虚步穿掌——进步踢腿——纵步飞脚——弓步推掌——虚步穿掌——进步踢腿——纵步飞脚——弓步推掌——收势

四、　课程实施

本课程以教授武术知识，学习武术基础和武术动作为主要内容。根据课程内容安排 20 课时，具体实施方法如下。

（一）　视频教学法

通过两个课时的武术知识讲座和观看武术竞赛视频，让学生了解武术知识，并通过课后作业的布置让学生选出从古至今最受欢迎的武术名人，加深学生对武术的了解和提高学生学习武术的积极性。

（二）　武术问答小能手

通过举办"育武魂，展新风"为主题的知识问答比赛，加深学生对武术的认识和理解。以知识问答的方式让学生展示对于武术知识的了解和认识。

（三）　武术比赛——武林高手

在课时安排的末尾，举办班级武术套路比赛，比赛内容以学生课堂学习的初级长拳二路为主，让学生在学习武术后展示和表演武术，以达到增强学生的武术表现力和自信心的目的。

五、　课程评价

本课程评价坚持激励性原则。根据武术学习内容设计出武术评比榜"武术盟主"，分别从知识抢答、武术动作内容两个方面进行评分。把平时上课的练习评分成绩和课程结束时的测试结果作为本课程的评价依据。具体评价方法如下。

（一）　赛事性评价

武术考核方式与要求：通过学习武术的发展历史和武德教育，组织武术知识问答竞赛。学生以个人为单位进行抢答，以积分的形式进行。规则如下：以个人进行抢答，抢答后回答正确的积三分，回答错误的扣一分。最后，积分最多的学生取胜，积分前八名的学生获"武术问答小能手"称号。

（二） 展示性评价

武术比赛的总体要求是：动作规范，方法正确，劲力充足，用力顺达，力点准确，手、眼、身法和步法配合协调，节奏分明，风格突出，动作与音乐和谐一致。

武术比赛考核方式与要求：对武术套路动作的个人展示进行阶段性考核。考核评分标准按劲力、协调、节奏、风格、配乐分为 3 档 9 级，其中：3.00—2.51 分为优秀；2.50—1.91 分为合格；1.90—1.01 分为一般。

（执笔人：圣　畅）

课程 2-5

少儿趣味田径

适合对象： 一年级学生

 一、 课程背景

"少儿趣味田径"是由国际田联发起,根据少儿生理、心理等发育特点制订出的一套以短跑、耐力跑、跳跃、投掷等田径基本项目为内容的活动游戏。目前,"少儿趣味田径"已被欧美等发达国家的教育机构广泛采用并获得了成功。推广"少儿趣味田径"有利于充实"学生阳光体育运动"的活动内容,促进学生坚持每天锻炼一小时措施的落实;有利于中小学生身体素质的全面发展,促进少年儿童健康水平的提高;也有利于从小培养少年儿童对田径运动的兴趣和热爱,促进我校田径运动的普及与提高。就"少儿趣味田径"自身来说,是以田径项目为蓝本,改变跑、跳、投的规则,保留这些运动的一些特征,并将提高身体素质、传授田径技术、传播田径运动知识和促进学习兴趣尽可能地统一起来,制订出的一系列带有情节和要求的运动项目。

本课程的理念是:**我运动,我健康,我快乐!**让学生去参与课程运动项目、感受运动项目带来的魅力,从而增强身体素质,将田径运动与体育文化的传授联系起来。

 二、 课程目标

(1) 了解"少儿趣味田径"的相关项目,初步掌握各个项目的练习方法以及游戏比赛规则。

(2) 发展体能,发展柔韧、灵敏、速度等素质。

（3）体验进步和成功时的快乐心情，提高自信心和社会适应能力，培养团结合作、共同探索的精神。

 三、 课程内容 ··

根据少年儿童的心理、生理等发育特点制订出以短跑、耐力跑、跳跃、投掷等田径基本项目为内容的活动游戏，具体包括以下三个模块。

（一） 跑

1. 速度阶梯

速度阶梯运动是发展学生在跑动的前提下准确地支撑落地的能力以及做出高频率支撑动作的能力。利用软式趣味绳套摆成"弓"字形，两端相隔 10 米左右的距离。从一端起跑准确快速地向前跑，脚不许碰到绳套。

2. 短跑/跨栏往返跑接力（1）

熟练掌握在快速跑中过低栏的技术，有效控制与调整在给定距离内的步幅大小。两端相隔 40 米，学生排成一路纵队，从一端起跑跨过四到五个高度较低的软式跨栏架，然后绕过标志物再往回跑，最后把接力环交接给下一位同伴，依次练习。

3. 短跑/跨栏往返跑接力（2）

设计一种环形的跑动路线，其中随机放置各种不同的器材（分别供水平和竖直跨越练习使用）。在指导学习过程中，初学者会在障碍物前放慢速度或调整步伐，因此为了安全，初学者采取双脚落地的方式。

4. 8 分钟耐力跑（1）

该项目要求在严格的速度指定范围内合理地进行节奏控制。这是一个以个人为单位的集体项目。每一名队员需要通过控制速度来帮助自己队在跑动中形成均匀"桌"状。

5. 8 分钟耐力跑（2）

提高速度控制能力。距离在 100—200 米，其间学生要根据教练的指示变速。要求在下一个变速指示之前保持原有速度。

（二） 跳

1. "十"字跳（1）

控制基础的远跳的起跳循环顺序。侧面起跳，按照"前进"的次序跳过一个个可以克服的障碍物。（从0号方格跳到1号，再跳回0号；然后跳到1号，再过2号，再跳回0号，以此类推）

2. "十"字跳（2）

控制好从左到右和从右到左的跳跃。放置一个障碍物，然后从它的左边跳到右边，然后从右边跳回左边，以此类推。

3. "十"字跳（3）

掌握向侧和向前跳。从左往右，然后从右往左连跳。然后跳到前边的一个方格做同样的练习。

4. 立定多级跳（1）

连续立定多级跳不但注重发展学生下肢的力量，而且强调手和腿协调有力，以及下肢的对称运动。

5. 立定多级跳（2）

双脚垂直起跳来触摸目标物，发展腿的蹬力。练习方法：从腿贯穿到拇指尖的持续发力，手臂的使用，由后下方蹬摆时向上发力，跳跃时眼看前方。

（三） 投

1. 投掷标枪（1）

投掷一个安全和较轻的标枪（最多0.5公斤）。双脚平行站立，身体直立，投掷臂应该保持高于肩部。

2. 投掷标枪（2）

走几步，向一个靶子投掷三次。屈臂，使用不同重量的器具，或者用同种器材连续投掷三次，但靶子距离不等。（标枪不要超过0.5公斤）

3. 跪姿投掷（1）

做这个练习时，双脚跪地。这个练习使学生体验怎样通过臀部和肩膀的运动积蓄力量来投掷。

4. 跪姿投掷(2)

参与者坐在一个位置较高的设备上,运动上半身聚集加速度,把投掷器具投向目标物。(使用轻的投掷器具,最多 1 公斤重)

5. 跪姿投掷(3)

单膝跪地,运动上半身聚集加速度,把投掷器具投向目标。(使用轻的投掷器具,最多 1 公斤重)

 ## 四、 课程实施

本课程以学生积极参与锻炼为目标,结合"少儿趣味田径"来展开,所需要的器材有：操场、"十"字跳垫、软式趣味绳套、软式教学铁饼、软式练习跨栏架、软式接力棒、软式练习接力环、彩色标杆座、彩色标志杆、橡胶实心球、彩带软球、大号皮尺等。根据课程内容安排 15 课时。

(一) 跑

1. 速度阶梯、短跑/跨栏往返跑接力

速度阶梯练习时,学生排成纵队,一个接一个循环练习。教师在指导跨栏练习时,尽量让学生在跑动中保持匀速,过栏后迅速转换到跑动状态。过栏后要保持身体平衡,不要在障碍物前减速,过栏时上肢尽量下压做到身体与栏架基本平行,栏间跑时不要为了平衡而放慢速度,要跑动起来。

2. 8 分钟耐力跑

安全保障：首先,周密细致的准备工作是安全的关键。其次,路线、标志物以及各垒标志物要安全设置。第三,各垒教练需要在每个学生拐弯后给学生提速或减速的建议。该项目中,学生要努力控制跑步的速度,因为这是练习能否成功的关键。

（二） 跳

练习指南：柔软且不打滑的地面以及对缓冲时无声落地的指导可以为运动提高安全保障。

注意要点：绝对垂直地起跳，脚踝完全展开落地。

深入教学：左右手轮流触摸目标物，做几次跳跃动作，进行练习赛。

安全保障：在平坦并柔软的地面进行，有安全保障的目标物。

（三） 投

1. 投掷标枪

练习指南：保持身体直立，保持面朝靶子，眼睛要看着靶子，投掷臂应该在肩膀上部引动。

安全保障：柔软的地面以方便单膝跪地，组织严密，安全的投掷物，把投掷的准确度放在第一位。

注意事项：协调的手臂动作，正确的投掷线，手臂的运动要产生一个持续较长时间的加速度。

2. 跪姿投掷

练习指南：跪在一个水平稳定的位置上，手里握紧投掷物。

安全保障：学生跪在柔软的地面上（垫子、沙地、草地），使用不同重量的健身球，使用重量轻的。（1 公斤、1.5 公斤）

注意事项：要掷中靶子，面朝投掷方向，投掷前不要突然停下来，投掷时向前移动。

 五、 课程评价

本课程坚持激励性原则，注重过程性评价。教学过程主要采用等级评价法、团队比赛积分评价法（100 分、80 分、60 分）和综合性评价，具体方法如下。

（一）　等级评价法

评价方式：熟练掌握具体项目技术动作的评为 A 等级；较好地掌握具体项目技术动作的评为 B 等级；基本掌握具体项目技术动作的评为 C 等级。

（二）　团体比赛积分评价法

评价方式：各小组的成员在课前是分配好的，并且相对稳定。同项目同等条件进行公平比赛，第一名得 100 分，第二名得 80 分，第三名得 60 分。

（三）　综合性评价

本课程结束后，累计取得 10 个 A 等级以上、积分 1000 分以上的总评为"体育小达人"；累计取得 12 个 B 等级以上、积分 960 分以上的总评为"体育明日之星"；累计取得 15 个 C 等级以上、积分 900 分以上的总评为"体育小卫士"。

（执笔人：张振林）

课程 2-6

"羽"众不同

适合对象： 三年级学生

 一、 课程背景

　　羽毛球是一项灵活、多变、可快可慢、隔网对击的运动,其既是奥运会的正式比赛项目,又是老少皆宜、易于掌握的大众体育项目,而且在我国学校体育和社会体育的范围内得到了较大的普及。因趣味性强、健身功效大、易于开展的特点,羽毛球运动深受人们的喜爱。

　　小学生学习羽毛球与参与羽毛球运动,一是为了掌握一定的基本技术、基本战术与比赛方法;二是为了通过练习提高身体运动能力,以及体能和智能等多方面的能力,以达到健身的目的。参与羽毛球运动,能在跑动、跳跃的过程中,发展力量、速度、耐力和灵敏等素质;能在复杂多变的赛场上,提高分析能力和应变能力;能在激烈对抗的环境里,磨炼意志,发展个性和智能;能在相互配合的过程中,培养团队精神和集体主义品质;能在观赏比赛的过程中,培养审美情趣,丰富课余文化生活,并培养学生学习的主动性、创造性和终身体育的思想。

　　本课程的理念是：**欢乐"羽"你同伴,健康"羽"你分享**。羽毛球陪伴你快乐成长,羽毛球与你分享健康生活。

 二、 课程目标

　　(1)了解羽毛球运动相关理论知识和比赛规则,初步掌握羽毛球单个技术动作,并灵活运用。

（2）学习并掌握羽毛球双打的基本技术，实战配合，提高合作意识。

 三、 课程内容

本课程内容主要包含羽毛球的理论知识、基本技术及实战应用三个模块，具体内容如下。

（一） 理论知识

学习羽毛球的起源与发展，认识场地，了解竞赛规则，让学生进一步了解羽毛球这项运动，激发学生的兴趣，为学习羽毛球的技术动作打下一定的基础。

（二） 基本技术

1. 握拍动作

在羽毛球各项基本技术中，握拍是最简单又最容易被初学者忽略的一项技术。想要提高技术，打起来得心应手，就得从握拍这项简单的技术学起。本课程主要通过游戏训练法，多练习，使学生掌握适合自己的握拍方法。

2. 发高远球

发球是羽毛球基本技术之一。羽毛球发球虽然不能像乒乓球发球那样旋转，但可以通过不同的发球手法，发出不同弧度、不同落点的球来控制对方，为本方创造进攻得分的机会。

3. 挑球

挑球就是把对方的吊球或网前球击回对方后场。本课程的设计遵循羽毛球运动技能形成的规律，由易到难，逐步深入。在教学过程中，教师示范，先独自练习抛球挑球，激发学生的学习欲望，提高球感。接着学习正手挑球，通过两人合作学习，一人抛球，一人挑球。

4. 吊球

吊球一般是和挑球结合学习，学习挑球时可以初步了解吊球。整个教学过程注重学生兴趣的培养,让学生在实践、观察、创新和合作的学习中掌握动作,使其自主认真学习,逐步提高吊球的技术水平。

5. 高远球

高远球是一切上手击球的基础,以较高的弧线将来球击到对方场区底线附近。高远球弧线高、空中停留时间长,它的作用是逼迫对方远离中心位置退到底线接球,一方面可以减弱对方的进攻威力,为我方寻找进攻机会,另一方面可以在自己被动的情况下,有较多的时间来调整站位,摆脱被动局面。在教学过程中,教师要善于引导学生练习高远球,可以帮助学生有意识地准备下一拍击球,很好地提高战术能力。

6. 基本步法

例如跨步、垫步、并步、交叉步、上网步法、正手后退右后场步法、后退左后场区正手绕头顶击球步法、综合后退步法等。通过步法的学习与练习,让学生加快移动的速度,更好地使用基本技术,提高运动水平。

(三)　实战应用

例如:压后场底线;攻四方球控制落点;快拉快吊控制网前;后场下压,上网搓、推;守中反攻。通过基本打法的练习,熟练使用快速、灵活的步法,掌握稳健的防守以及准确控制落点和强有力的进攻能力,提高战术意识。

四、课程实施

结合我校实际情况,羽毛球校本课由学生自由选报,学校固定每周一下午第二节课为上课时间。本课程根据内容分段教学,共设 36 课时。具体实施方法如下。

(一)　讲授法

教师主要通过语言讲述的方式,向学生传授学科知识,培养学生的能力,发散学生的思维,使学生通过感知、理解、应用而达到巩固掌握。

（二） 动作示范与实践法

动作示范是体育教学中最常见的直观教学法。教师示范体育动作的目的是让学生通过对教师形体动作的观察，在脑海中形成清晰的记忆表象，并使之经过思维"内化"的加工，建立起正确的动作概念。因此，教师的每次示范都应明确所要解决的问题。示范什么，怎样示范，都要根据教学任务、教学步骤以及学生可能接受的具体情况而定。在练习教学中，还要注意纠正错误动作，当发现错误动作时，教师切忌自我表演，要耐心地进行讲解。必要时还要进行正误对比示范，找出错误的原因，使学生有意识地纠正错误，正确地完成整套动作，从而提高技能，保证教学任务的顺利完成。

（三） 合作练习法

根据练习任务，教师把技术水平相当的学生分为一组，在教师的指导和帮助下，主动完成练习任务。

（四） 视频赏析法

教学中应以学生为主体，通过观看羽毛球明星的比赛视频调动、激发学生的积极性。实行理论和实践相结合的方式，取得良好的教学效果。

五、 课程评价

本课程坚持激励性原则，注重过程性评价，主要采用技术考核评价法和比赛积分评价法，具体方法如下。

（一） 技术考核评价法

评价方式与要求：从发高远球、挑球、击高远球三方面进行考核，每个技术满分100分。

（二） 比赛积分评价法

评价方式与要求：先分组，进行小组循环赛，每场球 11 分制，一局过，赢一场积 2

分,输一场积 1 分,弃权 0 分。

以上两项技术考核各占 50%,总分为取二者总和。

（执笔人：黎永鸿　冯嘉成）

课程 2-7

心理健康课程系列

适合对象： 三至六年级学生

 ## 一、 课程背景

《中小学心理健康教育指导纲要（2012 年修订）》指出：中小学心理健康教育，是提高中小学生心理素质、促进其身心健康和谐发展的教育，是进一步加强和改进中小学德育工作、全面推进素质教育的重要组成部分。开展心理健康教育是贯彻"立德树人"教育本质的有效途径，对帮助学生提高心理素质、健全人格品质、预防心理问题等起到积极的作用。

随着社会的高速发展，人们生活节奏越来越快，竞争压力愈来愈大，家长对子女的要求也越来越高，生怕自家孩子"输在起跑线上"，在强烈的心理压力和社会压力下，孩子们不堪重负，跳楼、离家出走、辍学等现象屡见不鲜。虽然我国逐渐重视心理健康教育，在对待心理健康教育的重视程度方面，家长和学生也都有了积极的变化，但师资不足、心理干预不及时和干预持续性不够等问题依旧明显，所以结合体育学科的育人特点，渗透心理健康教育，关注学生身心协调健康发展显得尤为重要。

本系列课程的理念：**快乐童年，健康成长**。通过心理健康教育，帮助学生提高对心理问题的辨识度，学会和掌握心理调适的方法，提升心理素质，树立心理健康意识，增强社会适应性，促进身心健康全面发展，进而提升综合素养。

 ## 二、 课程目标

（1）提高心理素质，充分开发潜能，培养快乐、健康、自主、会学的心理品质。

（2）促进人格的健全发展；正确认识自我，不断增强自我调控、承受挫折、适应环境的能力。

（3）培养健全的人格和良好的道德素养。

 三、 课程内容

我校将心理健康教育理念渗透于学校办学的各个领域，努力培养和造就身心健康全面发展的学生。通过有效地开展心理健康教育，丰富学生的知识，磨炼学生的意志，培养其高尚品德，进而为其幸福人生奠基。

（一） 小学生自我意识的辅导

小学生自我意识薄弱，通过心理教育，培养小学生正确的自我认知、自我评价、自我监控的能力，进一步提升其个人的自尊心与自信心，增进同伴间的相互了解。

（二） 道德及荣辱观的树立

大到一个国家、一个民族，小到一个集体、一个个人，没有正确的道德及荣辱观，就极容易走向偏激，出现心理问题。教师需要通过心理健康教育，培养学生正确的道德、荣辱观，以及自律性，宣传正能量，帮助学生从小树立远大志向。

（三） 自我心理干预能力的培养

小学生对心理危机事件的应对与管控能力不足，除了需要家长和教师给予正确的干预外，还要培养学生自我心理干预的能力，从而更好地应对突发性和长发性心理问题，促进其身心健康。

（四） 和谐人际关系的引导

培养学生与同学、老师和谐相处，提升与人交往的能力，是学生快乐成长的重要保障。教育学生不盲目自卑或自大，识别并去除交往中不好的观念，提升应对人际交往中出现的矛盾的能力。

四、课程实施

每个学段各设置 10 课时,三个学段共计 30 课时。内容的选取紧紧围绕学生身心发展的特点和需求,贴合生活实际,引导健康人格和强化必备心理素质,促进学生全面发展。

(一) 分类法

心理健康教育的主阵地是课堂,教师是课堂的主导,需要在教学中多角度、多层次、多维度地对学生实施心理健康教育。

(二) 故事引导法

寓教于乐是学生喜闻乐见的一种教学模式,同时将教学与故事相结合使得知识变得鲜活,更能够让学生感同身受,记忆深刻。教师选取代表性的故事题材,引导学生领悟,不断启迪学生心智。

(三) 理论教学法

教师通过专业学习,向学生讲授基础的心理学专业知识,让学生认识和了解人的"正常"或"非正常"心理,以及懂得自身成长阶段容易触及的心理问题,解除疑惑和恐慌。

(四) 游戏法

根据中学生身心发展特点,适当开展学习竞赛,是激发学生学习积极性的有效手段,有研究表明小学生在竞赛条件下比在平时正常条件下能更加努力学习,学习效果更加明显。

 五、课程评价

为了培养学生良好的心理素质,促进身心健康和谐发展,根据小学生年龄和心理特点,结合小学生心理发展规律,坚持科学性、平等性、尊重性、可操作性的原则,特制定以下评价方法。

(一) 过程性评价

由任课教师对全班学生在心理健康教育的课程学习中开展课堂纪律、参与程度、作业完成质量三个方面的评价。

(二) 学生自评

此部分评价由学生自主完成,主要从知识与技能掌握情况、学习动力、学习态度、应用能力、自我提高几个方面进行自评。

(执笔人：李晓宇)

　　　　科学是人类行走在路上拾起的一块小石头，不起眼的外表经过打磨后闪烁耀眼的光芒；科学是人类在山水之间闻到的一阵花香，淡雅而令人沉醉；科学是从地壳迸发出的岩浆，热烈而令人敬畏；科学是我们仰望夜空时所看到的亿万年前的点点星光，遥远而令人憧憬；科学是我们捧在手上的时光，刚要抓住，却飞速幻化……我们享受科学带给我们的技术变革，带给我们的美好生活，科学让原本冰凉的夜晚有了暖意，而这都是我们人类不断求真的结果。

　　徐特立在《祝〈科学园地〉的诞生》中写过这样一段话："科学！你是国力的灵魂；同时又是社会发展的标志。所以前进的政党必然把握着前进的科学。"邓小平同志也提出："科学技术是第一生产力。"科普作为科技和教育的一个交叉环节，受到越来越多的国家的高度重视。很多国家通过政策、立法、组织、资本等手段，积极推动本国科普事业的发展。比如，美国政府近年来特别重视科普，这很大程度上得益于国会的促进和支持。进入新世纪以后，我国出现了两个里程碑式的文件。第一，2002 年我国出台了《中华人民共和国科学技术普及法》，这部法里面明确指出，科学普及是我们党和国家以及各级人民政府义不容辞的责任。第二，2006 年我国公布了《全民科学素质行动计划纲要》，这是同《国家中长期科学和技术发展规划纲要（2010—2020 年）》同步的，目的就是保证 2020 年实现我们进入创新型国家行列的目标。想要全面建成小康社会，成为创新型国家，我们国家要开展很多科技创新活动，这就需要大家拥有一些科普知识。科学除了促进生产力，还促进人的精神发展，作用于人的心灵。学校作为青少年科普教育的重要阵地，向青少年普及科学知识的同时，更应该培养学生的科学精神。

国家教育咨询委员会委员、中国科技馆原馆长王渝生认为：科学精神的核心是"求真"，"探索求真，理性实证，质疑创新，实践独立"是科学精神的四个内涵。我校的"科学之真"课程从科普知识和科学精神两个方面出发，开设知识类、实践操作类和技术类三大类课程。

知识类课程内容涉及生活、天文和地理等方面的自然科学基础知识。例如"垃圾分类"课程：采用与实践相结合的学习方式，引导学生在了解相关环境问题的基础上，了解国内外对生活垃圾的分类以及常见生活垃圾的无害化、资源化处理的方法，并对常见垃圾进行准确归类，从而树立垃圾分类的环保意识。"地理漫谈"课程：有效地帮助学生应对生活中的困难，解决生活中的问题，增强生活能力，提高对未来生活的适应能力，更大程度地满足生存的需要。"农业科普"课程：了解日常生活中蔬菜种植的一些方法，养成爱惜粮食的习惯。

实践操作类课程能够培养学生的科学思维能力、动手能力、创新能力和运用科学语言进行表达和交流的能力。学生亲身参与和体验探究活动，有利于他们对科学精神的理解和培养，学会尊重事实，尊重和欣赏不同的意见。如"创意设计"课程：让学生充分发挥想象力，头脑风暴式地想象并能用绘画的形式表现出来，甚至能通过制作成品来呈现成果。"小小科学家"课程：通过生物、物理和化学三个模块介绍一些有趣的科学探究活动，讲解小学科学常用仪器的使用方法和注意事项，利用常见仪器设计实验方案，探究科学问题。

技术类课程则是把科学的成果应用到实际问题中去。我校在科学技术教学方面进行了大力的投资，不仅添置了新的仪器设备，还引入了 VR 设备，结合虚拟现实开展教学。技术类课程的教学并不单一，更多的是多方面的融合。如"摄影基础"课程：让学生有一双善于发现美的眼睛，并且用艺术的眼光感知、分析美，结合课程的理论知识用相机记录下来，将发现的美变成"永恒"。"蓝天飞梦"课程：纸飞机承载了学生飞行的梦想，并体现了科技、体育、模型之间的有机结合，将纸飞机的类型、制作方法、竞飞比赛等融入到本课程里面，在让学生亲身参与纸飞机制作的同时，还能体验到放飞纸飞机、放飞梦想的自由与快乐。

"科学之真"课程不仅在学校开展，部分实践活动也在社区开展。如"垃圾分类"、

"摄影基础"、"地理漫谈"等课程在校内和校外共同开展，让学生充分运用科学知识解决问题，主动发现问题，拓宽学生视野，调动学生参加科学的实践热情，达到建构知识的目的。

"科学之真"课程让家长成为课程实施的助手。家长在课后陪伴学生完成课程的实践活动，如"农业科普"课程，通过家长和学生共同参与亲子种植实践活动，言传身教，有效地影响了学生的学习兴趣和能力，培养了学生学习科学的意识。

"科学之真"课程充分利用校内展示平台。我校每年都会举行规模盛大的科技节，在科技节上可以充分展示学生的学习成果，这对于增强我校的课堂自信、课程自信大有裨益。对于部分如"垃圾分类"、"摄影基础"等教师掌控力度相对较小、亲子性较强的课程，给学生提供一个展示自我、表现自我的平台，也有利于教师及时掌握学生的学习情况，及时调整教学策略。

"科学之真"课程积极走向校外展示平台。"科学之真"的"创意设计"、"蓝天飞梦"、"小小科学家"等课程皆有与其相对应的中小学生科技类比赛，在教学过程中鼓励学生适时参加比赛，以赛促实践，使教师教学与学生学习得到再提高。

总之，"科学之真"课程的开设，让学生在知识类课程中积累科学知识；在实践操作类课程中开展自主的开放的探究活动；在技术类课程中懂得技术在生活生产中的运用，发现科学规律。本课程让学生在畅游温暖的科学海洋的同时，注重自身发展，有所收获。

（执笔人：何健强）

课程 3-1

创意设计

适合对象： 三年级学生

 一、课程背景

　　创意设计，是把再简单不过的东西或想法不断延伸的一种表现方式。创意设计包括工业设计、建筑设计、包装设计、平面设计、服装设计、个人创意设计等内容。设计除了具备"初级设计"和"次设计"的因素外，还需要融入与众不同的设计理念——创意。创意是神秘的。古往今来，学者们对创意的认识不同，所作的定义也各不相同。心理学家斯滕博格（Robert J. Sternberg）认为：创意是生产作品的能力，这些作品既新颖（也就是具有原创性，是不可预期的），又恰当（也就是符合用途，适合目标所给予的限制）。建筑学者库地奇（John Kurdich）认为：创意是一种挣扎，寻求并解救我们的内在。赖声川先生认为：创意是看到新的可能性，再将这些可能性组合成作品的过程。这些定义都说明了创意包含两个主要的面向："构想"面向与"执行"面向，而"寻找"与"解放"在更深的层面说明以上两种面向的创意工作。赖声川先生把这两部分称作创意的"二部神秘曲"，既独立又互相联系，它是通过两个步骤进行的，分别是欲望的涌现和表达这种欲望的方式。

　　创意是中国制造向中国创造的关键突破点，但这还没能为大多数企业家所认识；创意与技术创新是"中国创造"战车的两只轮子，但还没能引起大众的重视。制造业的核心是设计，而设计的灵感源于创意。凡是制造业在国民经济中起着举足轻重作用的国家，都有着发达的创意产业。创意设计课程，为孩子从小种下一颗创意的种子，让它逐渐成长，这既是科普教育的需要，也是国家科技创新的需要。

　　本课程的理念是：**天马行空的头脑，迸发的点子**。让学生充分发挥想象力，展开头脑风暴式的想象。三年级的学生处于小学中段,有较强的想象能力和绘画能力,常常有能让人耳目一新的想法,绘画是他们的最大爱好之一,"创意设计"这一课程平台能让他们充分发挥想象,并能用绘画的形式表现出来,甚至能通过制作成品来呈现成果。

二、 课程目标

（1）欣赏创意设计,初步领会创意设计的要点和基本方法。

（2）经历创意设计,设计出一个或多个项目,感受创意设计带来的快乐。

三、 课程内容

本课程以"让孩子爱上创意设计"为主题,内容分为三个模块。

（一） 创意设计鉴赏

本模块让学生鉴赏他人的创意设计,激起创意欲望。教师收集较多的视频和图片,让学生鉴赏并分析其创作手法。

（二） 创意方法学习

创意方法有多种,比较有效的方法有以下几种：借鉴创意法、情景（情感）映射创意法、思维导图创意法、头脑风暴与逆向思维创意法。通过对创意设计的作品的揭示,初步体会创意方法的运用。

（三） 创意设计交流

本模块分为分享自己知道的创意设计和分享自己的创意设计。自己知道的创意设计,素材可以源于生活,源于网络。让学生能在此基础上发表自己的看法,提高鉴赏能力。

四、　课程实施

本课程共 16 课时，主要实施方法如下。

（一）　鉴赏法

在教师的带领下，学生鉴赏他人的创意设计，激起创意欲望。教师收集较多的视频和图片，在课堂上指导学生进行鉴赏，并分析其创作手法。

（二）　模仿法

学生通过实践初步体验创意方法的运用，并在纸上把创意想法画出来。小组团队合作一起修改创意。

（三）　交流法

学生通过网络（线上）和课堂（线下）进行交流分享。让学生能根据创意设计发表自己的看法，提高鉴赏能力，分享自己的创意成果。

五、　课程评价

在评价思想上，注重评价以学生为主体，注重过程性评价，坚持激励性评价，关注个性特色评价。对本课程的评价主要从以下三方面进行：1.学习过程中的表达交流，它包括收集与整理课前资料、大胆表明自己的观点、自信展现自己等；2.课程活动中的参与效果，它包括按照学习任务单中的要求进行赏析、练习等；3.团队活动中的合作分享，它包括在团队活动中积极参与，在讨论中能虚心听取他人的意见，能服从分工，并能主动地帮助他人。本课程的评价方式为展示性评价，具体做法如下。

（一）　创意设计概念展览

在课堂上，学生展示自己的创意设计（不限于文字形式和图画形式），让学生展示和分享交流自己的想法，并评选出"创意展示优秀奖"。

（二） 创意设计模型展览

在课程结束后，对学生的创意实物进行展览，对设计模型进行评选，选出最受欢迎的、最有创意的、最环保的、制作过程最简单的等多个奖项。

（执笔人：何健强）

课程 3-2

地理漫谈

适合对象：　四年级学生

 一、 课程背景

　　地理的定义分为狭义和广义两种。狭义的"地理"就是依据地球的表面特征及其气候、人文、植被、物种、资源等信息对地球表面进行划区分类的信息库。而广义的"地理"就是依据狭义"地理"信息并结合地球结构、形成、演变等机理信息对地球的狭义"地理"信息进行再细分归类并建立起更全面、深入、立体的地球信息库。

　　我们的生活与地理密切相关，解释生活中的现象，解决生活中的问题，都需要一定的地理知识与技能。学习生活中的地理，可以使学生探索大自然各个层次的基本运动规律，小学生是对大自然充满好奇的群体，将对自然中的地理的探索加入到课程中对学生有益，因此开设这一课程非常必要。

　　本课程的理念是：**生活让地理活起来**。学习对生活有用的地理，不仅可以有效地帮助学生应对生活中的困难，解决生活中的问题，增强生活能力，提高对未来生活的适应能力，更大程度地满足其生存的需要，而且对当今综合素质人才的培养也是十分有益的。

 二、 课程目标

　　（1）了解生活中的文化、气象、旅游等与地理相关联的知识，培养独立观测和调查地理现象的能力，学会解决生活中的问题。

（2）通过观看预防自然灾害视频，学习地震的知识及预防方法，并正确对待人地关系。

三、 课程内容

本课程以探索自然为主要目的，让学生在了解生活中的地理知识和揭示地理现象的原因的过程中去收获快乐，我们将内容分为四个部分：地理与文化、地理与气象、地理与旅游、地理与灾害。

（一） 地理与文化

本章节内容主要包括饮食与地理、服饰与地理、民居与地理、民俗博物馆。从现实生活出发，让学生了解生活中的地理，培养其对生活中地理现象进行观测、实验和调查的能力。

（二） 地理与气象

本章节内容主要包括参观气象台、了解大气运动与气候类型、知晓复杂的天气变化和学报天气预报，让学生自主发现并探究身边的地理问题，揭示其原因，讨论对策，并关注社会。

（三） 地理与旅游

本章节内容主要包括旅游资源的种类、旅游景观欣赏的方法。

（四） 地理与灾害

本章节内容主要包括地震及其预防、洪涝及其预防、雾霾及其预防，让学生学会运用可持续发展的理念客观分析我们身边的地理问题，正确对待人地关系。

四、 课程实施

本课程实施之前应该有所准备，如要外出参观则需提前制定参观方案。本课程共用时 15 课时。具体实施安排如下。

（一）视频教学法

利用视频资源以及民俗博物馆，让学生了解各地区居民在吃、穿、住方面的特点和之间的差异，并思考这些日常生活现象产生的原因，从而关注生活。本课程可以运用视频教学法教学的内容有：一是观看世界各地饮食文化、服饰文化、民居文化与地理关系的视频，找出各地区特点及差异；二是参观广东民俗博物馆，运用实物、图片和文字资料讲解饮食、服饰、民居与地理的关系，并探讨其形成的原因。

（二）探究实践法

运用探究实践法观看天气预报视频以及参观气象台，了解气象知识，掌握日常天气变化发生的规律及原因，并收集资料总结当地的天气现象特点，学会运用气象知识指导生活。本课程可以运用探究实践法教学的内容有：一是观看天气预报视频并组织学生参观气象台，认识天气的复杂多变，提高学习兴趣；二是学习大气运动和世界主要气候类型的知识，将现象科学化；三是收集当地气象资料，找出气象特点；四是学习报天气预报，运用气象知识了解生活。

（三）观赏讨论法

运用观赏讨论法进行课堂活动，掌握旅游与地理的知识，了解旅游资源的种类，学会旅游景观欣赏的方法，设计旅游线路，参加讲座并探讨旅游资源的开发和保护，热爱祖国的灿烂文化和大好河山。本课程可以运用观赏讨论法的内容有：一是收集中国以及世界的著名旅游资源，并进行分类，能够判断哪些是自然景观，哪些是人文景观；二是进行"今日我导游"活动，根据自己感兴趣的旅游景点进行导游，设计旅游路线，并介绍观赏方式，提高学习兴趣。

五、课程评价

本课程在评价上采取了趣味地理知识竞赛、以"生活中的地理"为主题的作文征集活动、漫画展览等评价方式，具体如下。

（一）　知识竞赛

在科技节中举行趣味地理知识竞赛，根据回答问题多少，正确率高低，回答速度快慢进行评奖。

（二）　作文征集

让学生在国庆节以"生活中的地理"为主题写一篇文章，教师进行筛选，最后可以在校报中刊登以供其他学生阅读与学习。

（三）　漫画展览

在科技节中以"生活中的地理"为主题画漫画，先由教师筛选，然后通过网络投票选出优秀作品，最后在科技节中进行展览。

（执笔人：黄丽莉）

课程 3-3

垃圾分类

适合对象： 一年级学生

 一、 课程背景

垃圾分类，是按一定标准将垃圾分类储存、投放和搬运，从而转变成有用资源的一系列活动的总称。垃圾也是有用的资源，只不过放错了地方。通过垃圾分类，可有效提高垃圾的资源价值，力争物尽其用。垃圾分类后被送到工厂而不是填埋场，既节省土地，又避免填埋或焚烧所产生的污染，还可以变成有用的资源。

给一年级学生开设垃圾分类的科普课程，不仅能培养学生从小树立环保意识、养成保护环境的好习惯，而且对于培养学生的科学素养、发现科学问题和解决问题的能力具有重要作用。

本课程的理念是：**环保与科学，分类我更行**。本课程采用与实践相结合的学习方式，引导学生在了解相关环境问题的基础上，了解国内外对生活垃圾的分类以及常见生活垃圾的无害化、资源化处理的方法，并对常见垃圾进行准确归类，从而树立垃圾分类的环保意识；同时培养学生的主动探究意识，引导学生在实际生活中发现环保问题，激发学生的好奇心和求知欲。

 二、 课程目标

（1）了解垃圾的种类及回收处理方法，学会对日常生活中的垃圾进行准确分类。

（2）感受垃圾分类的作用和意义，增强节约资源和保护环境的意识。

三、 课程内容

　　课程主要通过学习不同垃圾的来源和种类，让学生对垃圾有进一步的认识，在日常生活中能正确处理垃圾，变废为宝，培养学生的创新精神，增强其节约资源的意识和环境保护意识。一年级的学生刚刚开始对物质世界进行探索和认知，而垃圾则是我们生活中随处可见的物质，通过学习垃圾分类，引导学生思考什么是垃圾、垃圾从哪里来、垃圾要去哪里等问题，加深学生对物质世界的认识，培养学生的好奇心和求知欲，让学生在探索世界的道路上迈出有意义的一步。课程主要分为以下几个部分。

　　（一） 垃圾是什么

　　主要内容是了解垃圾的来源以及随意丢弃垃圾造成的危害，认识到垃圾是放错了位置的资源，收集、整理和分析关于身边常见垃圾的信息，培养节约资源的意识以及信息的收集整理能力。

　　（二） 垃圾的不同类型

　　了解人们对不同垃圾的分类，通过调查分析、小组交流以及游戏等方式学习垃圾的分类标准，学会将生活中常见的垃圾进行准确归类。

　　（三） 垃圾的处理方式

　　了解和学习国内外对不同种类垃圾的正确处理方式，从小树立保护环境的意识，对日常生活中的垃圾进行正确处理，养成不随手丢垃圾的好习惯，认识到垃圾的正确回收与利用对节约资源、保护环境的意义。

　　（四） 垃圾的回收与利用

　　学习将垃圾变废为宝的案例，开展将日常生活中的可回收垃圾变废为宝的活动，培养学生的创造力和动手操作能力，实现对身边物质资源的高效合理利用。

四、 课程实施

本课程共 15 课时,具体实施方法如下。

(一) 观察法

通过观察生活中的垃圾,知道垃圾是如何产生的,认识随意丢弃垃圾对环境的影响,知道垃圾是放错了位置的资源,树立节约意识和环保意识。

(二) 调查法

通过实际调查及查阅资料等方式,了解国内外通过科技对垃圾的正确处理方法,感受科技对实现资源合理利用的作用,增强科技对学生的感染力。

(三) 讲授法

通过教师的口头讲解以及观看相关视频等方式,了解垃圾的分类方法,学会对日常生活中的垃圾进行准确归类,养成不随意丢弃垃圾的好习惯。

(四) 实践法

通过创意设计实现对部分可回收垃圾的合理利用,通过开展变废为宝的系列活动培养学生的创新意识和动手能力。

五、 课程评价

本课程注重以学生为主体,采取形成性评价与终结性评价相结合的课程评价原则。评价方式有课堂口头评价、调查报告评比、环保小卫士比赛等。

(一) 课堂口头评价

主要指教师在课堂中及时关注学生,对学生的学习行为进行及时的口头表扬或指正。

（二） 调查报告评比

在学生开展调查活动过程中，引导学生撰写简单的调查报告，并进行评比。

（三） 环保小卫士比赛

在学习和活动过程中赋予学生"环保小卫士"的角色，通过开展与环保有关的比赛活动，增强学生的环保意识。

（执笔人：蔡欣媛）

课程 3－4

蓝天飞梦

适合对象： 六年级学生

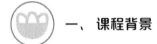 一、 课程背景

在宽阔无垠的蓝天上自由飞翔,几乎是每个人儿时的梦想,而"纸飞机"则是许多人蓝天飞梦起航的地方。纸飞机是什么? 仅仅只是用一张纸折叠而成的飞机吗? 随着时代的发展,"纸飞机"被赋予了更多的含义,不仅仅是平时用纸折叠而成的飞机,还包括了用塑料、金属等材料制作而成的飞机、火箭等航空航天科技模型。所以为了有效区分"纸飞机"和"用纸折成的飞机",我们定义:纸飞机是指包括纸折飞机在内的各种用纸、塑料、金属等材料制作而成的能飞行(可外加动力)的航空航天模型;纸折飞机是指用纸张折叠而成的飞机,即传统意义上的纸折飞机,也就是我们平时所说的"纸飞机"。

现任全国纸飞机嘉年华暨"放飞梦想"全国青少年纸飞机通讯赛总裁判长董洪锋老师认为,纸飞机是科技体育活动中最简单的项目,但也是最有趣的项目,对于普及航空模型知识、培养学生的动手能力和创新思维、发展学生的核心素养具有积极的推动作用。"蓝天飞梦"课程以纸飞机为主要教学内容,易操作,易实施。

本课程的课程理念是: **天空很辽阔,让我们自由地飞**。纸飞机承载了学生飞行的梦想,体现了科技、体育、模型之间的有机结合。将纸飞机的类型、制作方法、竞飞比赛等融入到本课程里面,让学生亲身参与纸飞机制作的同时,还能体验放飞纸飞机、放飞梦想的自由与快乐。

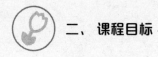 **二、课程目标**

（1）认识和了解人类航空航天的历史，知道气流对纸飞机（航空航天模型）运动的影响，知道伯努利原理在航空航天中的运用。

（2）通过纸飞机课程的开展，掌握各种纸折飞机及几种简单航天模型（火箭模型）的制作方法及步骤。

 三、课程内容

本课程以纸飞机的制作与放飞为主要内容，共分为四个模块。

（一）纸飞机理论知识

本模块内容包括人类航空航天的历史，气流对纸飞机（航空航天模型）运动的影响，伯努利原理在航空航天中的运用。

（二）纸折飞机的制作方法及步骤

本模块内容包括让学生学会包括适用于直线距离赛、标靶赛等在内的各种纸折飞机的折法及步骤。

（三）简单航天模型（即火箭模型）的制作方法及步骤

本模块内容包含让学生学会"宇探号"、"东风一号"、"飞天梦"等几种简单航天模型（即火箭模型）的制作方法及步骤。

（四）纸飞机竞赛活动

本模块通过组织和参与校内外的各项纸飞机竞赛活动，检验学生对课程知识的掌握及运用程度，同时还能提高学生及户外活动观众的国防意识。

四、 课程实施

本课程实施之前应该有所准备：纸折飞机项目开展前需给每位学生分发适量的纸张，其余项目（包括风火轮、航天模型等）开展前则需要学生自行准备好器材。在进行户外纸飞机竞赛时，应事先考察户外情况，所有参与人员必须购买意外保险等。本课程共 16 课时。具体实施安排如下。

（一） 讲授法

主要讲授人类航空航天的历史，气流对纸飞机运动的作用及影响，熟悉伯努利原理在航空航天中的运用。在讲课时需要用投影仪来展示伯努利原理在纸飞机制作与飞行上的运用。

（二） 实践法

学生学会包括适用于直线距离赛、标靶赛在内的各种纸折飞机的折法及步骤，并学会"宇探号"航天模型（即火箭模型）的制作方法及步骤。

（三） 竞赛法

组织和参与校内外的各项纸飞机竞赛活动，检验学生对课程知识的掌握及运用程度，同时还能提高学生及户外活动观众的国防意识。主要竞赛有：

（1）校内纸飞机比赛。学校将在每年科技节期间举行纸飞机比赛，以激发学生的积极性，同时也为参加全国纸飞机通讯赛广州市预选赛选拔学生。

（2）市级纸飞机竞赛。学校将在校内纸飞机比赛上选拔成绩优秀的学生参加全国青少年纸飞机通讯赛广州市预选赛。

（3）国家级纸飞机竞赛。在全国青少年纸飞机通讯赛广州市预选赛获得优秀成绩的学生将获得"放飞梦想"全国青少年纸飞机通讯赛总决赛的参赛资格。

五、 课程评价

本课程开展四种纸飞机的制作与比赛，以下是四种纸飞机类型评价参考。

（1）纸折飞机直线距离赛：根据纸飞机飞行的直线距离长短，评选出"最长航程驾驶员"。

（2）奥运五环标靶赛：根据纸飞机命中五环的得分情况，评选出"一箭穿心侠"。

（3）纸风火轮单项积分赛：根据风火轮停留在空中时间的长短，评选出"风火使者"。

（4）纸质火箭遨游太空计时赛：根据纸火箭在空中悬停时间的长短，评选出"靠谱宇航员"。

（执笔人：陈志豪）

课程 3-5

摄影基础

适合对象：　四年级学生

一、课程背景

摄影是指使用某种专门设备进行影像记录的过程，一般我们使用机械照相机或者数码相机进行摄影。有时摄影也会被称为照相，也就是通过物体所反射的光线使感光介质曝光的过程。摄影是一门科学、一门艺术，同时也是信息传播的重要手段。摄影现已成为一项重要技能，在信息传播中的作用越来越重要，被广泛地应用于人类社会的各个领域。随着计算机技术的发展和信息时代的到来，摄影教学在 21 世纪的高等教育中也显得越来越重要。

摄影课程以社会主义核心价值体系为导向，弘扬优秀的中华文化，力求体现素质教育的要求；以学习活动方式划分小学生的摄影学习领域，加强学习活动的综合性和探索性。注重课程与学生生活经验的紧密关联，使学生在积极的情感体验中发展观察能力、想象能力和创造能力，提高审美品位和审美能力，增强对自然和人类社会的热爱及责任感，形成创造美好生活的愿望与能力。

课程理念是：**发现美，感知美，用镜头记录美**。即让学生有一双善于发现美的眼睛，并且用艺术的眼光感知、分析美，结合课程的理论知识用相机记录下来，将发现的美变成"永恒"。

二、 课程目标

（1）了解摄影的基本知识，认识摄影所需要的常用器材。

（2）能掌握一些常用的拍摄方法、技巧，运用观察、想象、思维能力，创造性地使用摄影器材创作出符合时代要求的优秀作品。

 三、 课程内容

通过本课程将理论教学和实际照片的拍摄和制作相结合，学习摄影的基础知识和基本理论；熟识各种常用镜头，照相机的基本结构，胶卷的类型和成像特点；初步掌握摄影用光、曝光、取景、构图的基本知识和基本方法，以及基本掌握拍摄照片的技巧。具体内容分为四部分。

（一） 学习摄影的基本理论知识

了解摄影简史，认识小孔成像，知道摄影原理和小孔成像是完全相同的，初步了解不同门类摄影的不同要求。

（二） 学习摄影的表现技法

（1）认识照相机，了解其基本功能。

（2）掌握摄影基本构图以及实践操作技能。

（3）通过对技巧和拍摄过程的探索及实践，发展摄影捕捉能力和表现能力，形成一定的摄影基础。

（4）了解摄影的曝光，学习人像、风光摄影，体验摄影的乐趣，敢于创新与表现，产生学习摄影的持久性兴趣。

（三） 欣赏、评述、分享

（1）感受自然美，了解摄影作品的题材、主题、形式，了解著名的摄影家和摄影作品,以及摄影与生活、历史、文化的关系,初步形成审美判断能力。

(2) 学会从多角度欣赏与认识摄影作品,逐步提高视觉感受、理解能力与评判能力,初步掌握摄影欣赏的基本方法,能够在文化情境中认识摄影。

(3) 提高对自然美、摄影作品的兴趣,形成健康的审美情趣,崇尚文明,珍视不同文明的优秀作品与文化遗产,增强民族自豪感,培养尊重世界多元文化的态度。

(四) 请有关人员指导、开讲座

请有经验的家长或教师给学生传授摄影经验。

四、 课程实施

本课程实施之前应该有所准备:学生准备摄影设备(单反或数码相机、三脚架等)。本课程用时 14 课时。具体实施方法如下。

(一) 观察法

课前为学生提供学习方向,有的放矢;学生学习前自行补充知识。学生通过参观学习,提升在观察中发现、学习的能力。

(二) 讨论法

参观学习过后注重学生感受,让学生互相交流,为教师后续的引导提供准备方向。

(三) 线上交流

课前探究、课中分享、课后拓展,在课前预习、学习过程中充分体验和分享,在课后教师要善用线上资源,为学生提供平台,鼓励学生课下自行探究,并以分享的方式展示,且设置恰当的鼓励机制。

(四) 实践法

在摄影实践中,鼓励学生发现问题,总结摄影中光与影的处理规律。在教师的帮助下学生自发讨论、不断尝试,找到解决问题的策略,并将经验分享给其他学生。

（五）问卷调查法

采用问卷调查，及时了解学生的学习情况，并且让家长也参与线上的问卷调查，生成过程性资料，放入学生的成长记录袋中。

（六）小组竞赛法

每节课课前开展热身小竞赛（如快速摄影、捕捉动作等），让学生提升成就感，巩固掌握的摄影知识，同时提升集体荣誉感，获胜的小组每位组员都可以得到奖励。（期末测评可以主题竞赛作为终结性评价依据之一）

五、课程评价

结合实施方法，进行结果评价。比如举办学生摄影展，评选"最受欢迎奖"等。（线上和线下可同时进行。线下：家长、教师、学生互评；线上：公众号推送，网络投票）

（执笔人：徐南南）

课程 3-6

小小科学家

适合对象： 四至六年级学生

科学家是对真实自然及未知生命、环境、现象及其相关现象统一性的数字化重现与认识、探索、实践的人士，科学家具有极高的科学素养。

提高小学生的科学素养是我国《义务教育小学科学课程标准》的主要要求之一，培养小学生的科学素养和科学探究精神也是我国实施素质教育的基本要求。随着现代科学技术的不断发展与进步，提升小学生的科学素养和科学探究精神也是时代发展的必然趋势。当今各种科技活动层出不穷，使得科学教育由原来的知识本位转为向学生的探究过程和能力看齐，但对于科学素养的培养，还存在一定的缺失，需要采取相应的策略，培养小学生的科学精神。"小小科学家"旨在培养学生的动手操作能力、创新能力、科学素养和科学探究精神。

本课程的理念是：**探究科学之真，人人都是小小科学家**。小学生的科学素养主要是指小学生对于科学所应该掌握的内容，主要包括提升科学的态度、掌握科学的方法以及形成科学的行为等。本课程通过生物、物理和化学三个模块介绍常见的科学探究仪器，讲解小学科学常用仪器的使用方法和注意事项，利用常见仪器设计实验方案，探究科学问题。

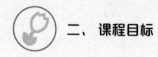

二、课程目标

（1）认识常见的科学探究仪器，了解常见仪器的使用方法。

（2）掌握简易的科学探究方法，学会利用常见仪器设计简单的实验方案，培养探究问题的科学精神。

三、课程内容

本课程以"提升科学的态度、掌握科学的方法以及培养科学的精神"为主题，内容分为三个模块。

（一）我是小小生物学家

主要内容为：学会使用显微镜，使用显微镜观察标本，制作动植物临时装片，完成萌发种子的任务，探究种子的成分。

通过认识显微镜、了解显微镜的使用方法，达到看到"肉眼看不见"的微观物质的目的。通过显微镜去观察动植物的细胞，感受生命的奇妙，从而激发学生学习的兴趣，产生进一步探究的欲望，培养学生的科学态度。

（二）我是小小物理学家

主要内容为：设计出一个简易的电路，组装红绿灯，制作电动车，点亮小灯泡。

由生物的微观世界转移到物理的宏观世界，认识磁铁的魔力，学会简单的电路。

（三）我是小小化学家

主要内容为：熟知化学实验基本操作规范，认识常用化学仪器和药品，完成 15 个化学实验。

通过前面的学习，学生对微观世界和宏观世界都有了基本的认识，然后再转入与生活息息相关的化学知识的学习,降低了学习的难度,增加了学习的关联性和实用性,促使学生形成科学的行为。

 四、 课程实施

本课程实施之前应该有所准备:准备实验器材和材料,设计合理的实验方案。本课程用时 45 课时。实施路径与方法如下。

(一) 理论讲授法

讲授科学探究、实验设计原理等理论知识,让学生对所学知识有初步的认识,感知科学之真。

(二) 实物展示法

利用投影仪等向学生展示显微镜、磁铁等仪器实物,让学生对实验器材有初步的认识。

(三) 操作展示法

教师分步操作演示实验器材使用方法给大家看,讲解相应步骤和注意事项,强调实验应是安全第一。

(四) 实验探究法

创设一个情境或抛出一个主题,引导学生根据科学探究的方法,即提出问题、做出假设、制订计划、收集证据、处理信息、得出结论、表达交流、迁移应用、反思评价,进行科学探究。

 五、 课程评价

在评价思想上,注重以学生为主体,采取过程性评价与竞赛性评价相结合的方式。

具体方法如下。

（一） 过程性评价

每一节课学生都要从"专心程度、团队合作、设计合理性、操作规范性、能否独立完成实验、实验原理的理解程度、提出其他问题"这些方面评价自己。

（二） 竞赛性评价

教师组织比赛，每个比赛都单独设立一等奖、二等奖和三等奖，另外设定合格标准，要求每个学生都必须达到合格标准。

（1）常见仪器识别大赛。教师展示常见的实验仪器，学生回答出仪器的名称和主要用途。授予认识仪器最多的学生"仪器识别达人"称号，其余根据实际情况评出一、二、三等奖。

（2）实验设计大赛。创设一个情境或抛出一个主题，让学生根据科学探究的方法设计探究实验，授予设计最完善、合理的学生"实验设计达人"称号，其余根据实际情况评出一、二、三等奖。

（3）"小小科学家之星"评选。组织学生运用所学知识，开展各种创意发明、科学实验设计、废旧物改造活动，最后评选出"小小科学家之星"。

（执笔人：张　敏）

课程 3-7

农业科普

适合对象： 一年级学生

 **一、 课程背景**

　　农耕文化源远流长，它是建立在传统的自给自足的自然经济基础上的文化形态，包括传统农业基础之上的生产关系、社会关系、典章制度以及与之相适应的道德、风俗、文化、习惯等意识形态。它所反映的思想意识、思维方式和价值观念是其本质内容。作为科普教育的重要内容之一，农业生产离城市生活越来越远，但农业产品作为人的一项基本需要，每个人都有必要亲近作为第一产业的农业，对求知欲极强的少年儿童来说更是非常有益而轻松的学习机会。

　　农业科普的相关宣传活动，能树立学生对生命的尊重和对自然的崇敬，培养学生热爱自然、热爱生活的意识，洗涤学生的心灵，融洽学生与学生间、学生与教师间的互动、沟通关系，提升学生的综合素质和实践能力，充实学生的精神生活，因此，农业科普教育是素质教育的重要组成部分。

　　本课程的理念是：**农业·生态·科学**。本课程通过让学生感受农业景观、学习农业知识、了解农业文化，了解自然农业的环保功能，自觉提升环境品质，维护自然景观的生态状况，推进生态环境的保护和改善，培养学生对大自然、对生态环境、对周边人群的感情。

二、 课程目标

（1）了解自然农业的生产和发展历程，古代种植业的发展过程，古代耕作工具的发展知识。认识与农业有关的传统文化，增强爱国情感。

（2）体验农耕，参加农业实践活动，增强动手能力，培养珍惜生活的情感。

 三、 课程内容

本课程以生活教育为指导思想，以培养学生认知能力、促进学生全面发展为主要目的，内容分为四个模块。

（一） 认识古代农耕知识

主要内容为认识古代种植业的发展过程和古代耕作工具的发展，知道古代人们是怎样进行农业耕作的等，让学生认识农耕历史，尊重历史的发展。

（二） 了解现代农业的发展

主要内容是展示现代农具和现代科技技术下的农业发展历程，让学生感受到科技在不断发展，农耕文化也在不断更新，人们生活变得越来越便利。

（三） 认识跟农业有关的传统文化

主要内容是认识精耕细作传统、农业技术文化、农业生产民俗、治水文化、物候与节气文化、节庆文化、农业生态文化、农产品加工文化等，让学生感受到中华文化的博大精深，增强爱国的感情。

（四） 了解农耕的操作过程

主要内容是了解一般农耕从整地、播种、施肥、管理到收获等全部过程，让学生学习农耕的操作步骤，同时也让学生感受到每一颗粮食都来之不易，养成珍惜别人劳动成果的好习惯。

 四、　课程实施

本课程共有 16 课时，实施之前应该有所准备：教师应准备足够的文字、图片、视频或农具材料，认真备好课。具体安排如下。

（一）　图片、视频观察法

展示古代种植业的发展过程和古代耕作工具的发展等，充分利用文字、图片、视频等素材，让学生感知古代的农耕历史，了解历史，尊重历史。

（二）　理论讲授法

通过讲解与农耕有关的传统文化知识、讲解现代农耕操作的过程等，让学生对农耕的传统文化有基本的了解和感知。

（三）　调查展示法

布置学生在课外搜集与农耕文化有关的知识的任务，和父母一起调查居住区域附近的农耕情况等主题活动。通过搜集资料、调查采访、资料整理，培养学生的综合实践能力。

在本课程实施过程中要关注学生的认知水平，低年级学生的认知水平一般较低，本课程在开发过程中应多引用有趣的故事，利用有趣的、通俗易懂的语言引导学生学习，激发学生的兴趣。

 五、　课程评价

本课程在评价方式上采取教师评价与学生自评、小组互评、竞赛等相结合的方式，具体方法如下。

（一） 教师评价

教师运用档案袋等评价方式对学生在"农业科普"课程中的表现、参与课程实践的态度给予适当的评价。

（二） 学生自评和小组互评

结合课堂小组活动、外出实践活动，学生对自己的知识、技能、情感等方面进行评价，然后在小组内展开互评。

（三） 评选"农业科普知识小达人"

根据学生对古代农耕知识、现代农业发展知识、农业文化知识、农业耕作步骤知识的熟悉程度评选"农业科普知识小达人"。

（执笔人：李莹莹）

第四章　思维之活：迸发灵动的智慧源泉

　　　　数学是人类智慧皇冠上最灿烂的明珠；数学是人类解开愚昧、
　　　走向文明的引领者；数学是数和图编织的图画；数学是"1、2、3"合唱
　　　出来的高亢的歌；数学是空间关系的浓缩，是数量关系的组合，是科
　　　学发展的桥梁……宇宙之大，粒子之微，火箭之快，化工之巧，地球
　　　之变，生物之迷，日用之繁，无处不用数学。

　　小学数学充满着趣味，令人跃跃欲试；小学数学充满着和谐的韵律、抽象的彩虹，令人难以割舍；小学数学闪烁着人类智慧的火花，璀璨夺目，令人目不暇接。数学作为一门研究数量关系与空间形式的科学，不仅具有高度的抽象性、严密的逻辑性，而且具有广泛的应用性。小学数学不仅承担着传授基本数学知识方法的根本任务，还肩负着发展学生的创造性思维品质的重要使命。

　　小学数学核心素养是学生在接受数学教育过程中逐步形成的适应个人发展和社会需要的必备品格与关键能力。数学关键能力综合表现为抽象思想、推理思想、模型思想、运算能力、数感、空间观念和数学分析观念七大方面，数学品格主要包括思维严谨和理想精神两大方面。

　　小学阶段正是培养学生数学的关键能力和树立良好品格的时候。学生在学习教材的过程中，受传统应试观念的影响，容易忽视数学教育的文化价值，缺乏社会理想的人文关怀。"思维之活"课程正是要加强这部分的教育，打造探寻真理、感受文化的课堂，培养乐学向上、思维灵活、敢于创新的学生。课堂以学生为主体，采用自主、合作、探究的学习方式与启发、讨论、参与的组织方式，培养学生扎实的科学文化素养，激发学生热爱学习、勤于思考、勇于实践、大胆创新、不断追寻数学真理的积极性，迸发灵动

的智慧源泉。

　　"思维之活"课程的总体指导思想是：一、二年级的实施主要是让学生体验学习乐趣，培养学生学习数学的兴趣，引领学生走进数学王国，激发学生探索数学奥妙的欲望；三、四年级主要是通过数学名家的故事、数学简史、经典数学问题等课程内容，让学生在品味数学文化的同时，初步渗透、建立数学思想，掌握简单的数学方法；五、六年级则突出"学以致用"的思想，数学源于生活，服务于生活，把生活中的问题抽象成数学问题，同时把数学知识应用到解决生活问题中去，在这一来一往的过程中让学生体验数学的实用性，逐步学会"用数学的眼光观察世界，用数学的思维分析世界，用数学的语言表达世界"。

　　"思维之活"课程根据小学生的不同数学程度和兴趣爱好，开设必修课程和选修课程。必修课程是在日常课程中面对全体学生开展，用于深化教材中具有价值的数学思想和文化及动手操作等。选修课程是组织学生根据自己的兴趣进行选择，在第二课堂开展，用于丰富学生的数学知识，提高数学思维和能力。

　　"思维之活"课程分为三部分。一是"有趣的数学"。展示数学的趣味性，激发学生的学习兴趣。在完成国家课程和地方课程的基础上，一年级设置"童话数学"课程，利用童话故事的引导，将数学知识融入到童话故事中，同时将枯燥的数学数字以图片、故事情节等学生易于接受的形式展现出来，激发课堂的活力。二年级设置"趣妙数学"课程，扎根于课本，以课本好玩的知识为主，在日常的数学学习中渗透数学的趣味性，让学生体验数学学习的乐趣，培养学生学习数学的热情。作为第二课堂，一年级设置了"纸造世界"、"等你来发现"、"创意拼搭"、"解谜小能手"课程，增加丰富多彩的数学综合实践活动，让学生手脑并用，提高学生学习的参与度，激发其对数学学习的浓厚兴趣。二年级设置了"举一反三"、"数学汇展"、"五子棋"和"趣味九宫格"课程，主要通过课外拓展学习，引领学生走进数学王国，感受数学的奇妙，激发学生探索数学奥妙的欲望。二是"有味的数学"。数学是一门历史悠久、文化底蕴深厚的学科。三年级的"数学大观园"课程和四年级的"数学万花筒"课程是对国家课程的补充，利用课堂时间分别进行数学简史、数学家的故事、经典数学故事、经典数学问题等内容的教学，引领学生走进数学王国，品味数学文化，促进其数学思维的初步形成，并利用手抄报、数学日记、数学故事比赛、黑板报等活动形式进行促进与展示。三年级的"数学探秘队"、"玩转数字"、"数学魔术"、"生活中的数学"四门选修课程以及四年级的"趣味数学"、"快乐数独"、"玩转二十四点"、"灵动魔方"四门选修课程,能在数学游戏中开发学生的数学观察能力、推理能力、想象能力等,配合多样化的教学方法,可有效地激发学生更深层次的思考,培养学生的思维能力和创新精神,为今后的数学学习拓宽思路。三是"有用的数学"。数学源于生活,服务于生活,数学学习的终极目标是应用。五年级设置的必修课程"'荟'用数学"开展多种活动,如成立小数点计算营、设置公平游戏,以数学思维为核心,将应用类的数学知识进行模块分类,在课堂上渗透教学。"思维对对碰"、"数学大求真"和"数学达人"三门选修课程,则以形式多样的兴趣课形式来实施,主要内容有思维拓展训练、基于数学故事或生活疑问的数学求解等,让学生在学习过程中发现和感受数学的魅力,提高其思维能力和创造能力,增强运用数学解决问题的意识。六年级开设的必修课程"玩转数学",更加侧重学生应用数学知识解决生活问题的能力的形成,培养学生小学数学的核心素养;两大选修课程"理财小能手"和"阶梯数学",主要对小学和初中内容进行衔接,捕捉生活中的数学现象,挖掘数学知识的生活内涵,培养学生抽象思维的能力、逻辑推理的能力、应用的意识,引导学生学会用数学的眼光看问题,用数学的思维想问题,用数学的方法解决问题。

"思维之活"课程的实施方式多种多样,根据课程内容有小组合作法、围坐讨论法、交流演绎法、动手操作法、优秀作品展示法、竞赛选拔法等,这些实施方式保障了课程的实施效果。

"思维之活"课程,为扩大学生的视野、拓宽知识面、培养兴趣爱好、发展数学关键能力和提高数学素养提供了最佳的舞台,相信通过六年的不断充实努力,学生必能品尝到智慧源泉的甘甜与滋润,并迸发出更加灵动的生命之花。

（执笔人：何江勇　王　琳）

课程 4-1

解谜小能手

适合对象： 一年级学生

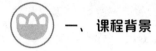 一、 课程背景

数学谜题是与数学有关、利用数学知识及数学思维进行解决的一类题目。数学谜题历史悠久,经典数学谜题众多,"兔子罗宾"、"绵羊本杰明"、"狐狸皮恩"、"狮子罗德里格斯"、"老龙高斯达拉"、"泡泡一笔画"、"数字火柴"等都属于数学谜题的范畴。数学谜题具有很强的逻辑性、思维性和趣味性。

数学谜题是益智类游戏,其内容丰富多彩,种类繁多,主要包括数独谜题、算式谜题、数字谜题、旋转方块谜题、表达式谜题、推理谜题、竖式填空谜题、寻宝谜题、极限空间谜题等,每一类谜题又有若干个分支,可根据学生的年龄特点和思维特征选用不同形式和难度的谜题游戏,让学生在游戏中玩转思维,在玩中遨游神奇的数学世界,去探索数学的魔力、发现数学的乐趣、认知数学的魅力。

本课程的理念是:**解开数学谜题,感悟数学奥妙**。本课程主要针对一年级学生,选用浅显易懂的谜题,利用游戏的娱乐性、交互性、竞技性和情境性来提高其学习的兴趣,提升其思维能力。在教学中主要是通过教师讲解示范、学生探索操作等方法让学生感受数学的魅力。同时,学生在一次次的探讨中丰富自己,满足自己的求知欲和好奇心,全身心地投入到挑战谜题中去,从而感悟数学的奥妙,成为解谜能手。

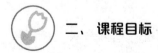 二、 课程目标

（1）通过学习有趣的数学谜题,探讨趣味数学谜题的解法,增强理解能力、思维能

力、操作能力和语言表达能力。

（2）了解有趣的数学谜题，感受数学的神奇奥秘，增强对数学学习的兴趣，提高数学思维能力。

 三、 课程内容

本课程以有趣的数学谜题为载体，从一年级学生的思维特点、兴趣爱好出发，将数学思维融入有趣的解谜游戏中，让学生在玩游戏中学习数学知识，培养数学兴趣，提高数学思维能力。本课程主要包括以下四个模块。

（一） 趣味数学谜题的"前世今生"

讲解数学谜题的历史和现状，让学生初步了解什么是"数学谜题"，激发学生的学习兴趣和好奇心。同时，欣赏一些优秀的谜题游戏，从而激发学生对谜题的兴趣，产生学习的动机。

（二） 玩转简单的谜题游戏

选取适合学生年龄的谜题游戏，如"泡泡一笔画"、"迷宫闯关"、"火柴算式"、"智力连线"和"超级积木"等，通过教师的讲解示范，让学生感受数学谜题的神奇奥妙，亲身体验"PS—DA循环圈"过程，步步深入，产生主动探究解谜方法的欲望。

（三） 解谜技巧和能力训练

主要内容为针对所选取数学谜题的种类，讲解相应类型的解谜技巧。采取先讲授技巧，随后马上给出5道相应数学谜题，课后再次利用相应的游戏巩固的实施模式。通过"讲—练"结合的模式培养学生的学习能力和数学思维能力，养成不怕困难、勇于挑战的优良品质。

（四） 成果展示之游戏争霸赛

举办玩转数学谜题游戏争霸赛，以小组为单位，以电脑游戏软件为平台，选出通关时间最短、奖励得分最多的学生参加班级决赛，教师对获得胜利的学生及顺利完成游戏的其他学生予以奖励。

 四、课程实施

本课程实施之前应该精心备课，通过多媒体，提供形式各样的充满乐趣的解谜游戏让学生学习操作，选取适合低年级的解谜题技巧供学生参考。通过"讲—练"结合的途径实施课程。本课程用时 15 课时。实施路径与方法如下。

（一）讲授学习法

通过教师讲解知道什么是"数学谜题"，了解数学谜题的历史和现状，勾起好奇心；激发对谜题的兴趣，产生学习的动机。

（二）讨论练习法

通过集体讨论感受数学谜题的神奇奥妙，亲身体验"PS—DA 循环圈"过程，步步深入，产生主动探究解谜方法的欲望。

（三）"讲—练"一体法

通过"讲—练"结合的模式训练，培养学生的学习能力和数学思维能力；养成不怕困难、勇于挑战的优良品质。

（四）游戏竞赛法

通过游戏竞赛检验学习成果，玩转数学思维。

 五、课程评价

本课程在评价方式上宜采取自评、期末总评相结合的方式，具体做法如下。

（一）反思式评价法

学生从学习兴趣、学习技能、学习成果三方面进行自我评价，通过画"☆"来进行自我评价。5 颗"☆"表示全部同意，4 颗"☆"表示基本同意，2 颗"☆"表示不同意。具体方式见下表。

"解谜小能手"自评评价表

评价人：＿＿＿＿＿＿

模块	具体项目	星星数量	备注
学习兴趣	数学谜题真有趣		
	学习数学谜题真有意思		
学习技能	我会正确解决谜题的方法了		
	我解过的数学谜题更多了		
	我能自主探索解谜方法了		
学习成果	数学谜题游戏真简单		

（二）赛事性评价法

通过竞赛检验学习成果，玩转数学思维。设立"迷宫闯关小能手"、"摆火柴小能手"、"积木搭建小能手"等奖项，每一项比赛都选出冠军、亚军和季军，并适当给予一些奖励。

（执笔人：张　敏）

课程 4-2

举一反三

适合对象： 二年级学生

 **一、 课程背景**

　　子曰："不愤不启，不悱不发，举一隅不以三隅反，则不复也。"教学成效的高低不在于教师的一味灌输，而是在于怎样启发学生举一反三和触类旁通。

　　思维是学生在学习数学知识和掌握数学方法的基础上形成的，是数学知识与学生主体认识相互作用的结果。为了培养学生的数学思维能力，就必须以学生已有的数学概念为基础，运用学生已有的数学知识，灵活地处理新的问题，学生通过数学判断和推理等形式认识数学对象，掌握新知识。同时，任何技能的学习不可能重复一次就可以掌握，必须经过多次重复，多个方面、多个角度地进行训练，才能获得更大的收获。数学学习不是为了教学生做多难的题，而是对学生思维能力的一种训练，重在训练学生多角度思考解决问题的能力。

　　本课程以"**举一反三，持之以恒**"为理念，根据教材学习进度，对每一个重要知识点进行一例三练，让学生学会举一反三，创造性地进行学习，最终养成持续学习、终身学习的习惯。

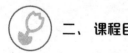 **二、 课程目标**

　　（1）通过启发式学习的训练，掌握解题的技巧和方法，提高解决数学问题的能力。

　　（2）通过习题训练，学会举一反三，提高创新能力。

三、课程内容

本课程以让学生学会学习为主旋律，内容分为三个部分。

（一）专题介绍

根据教材的学习进度，精选重要的知识点。通过课文引导，课题解析，以讲故事的形式介绍知识点的现实背景，贴近学生的实际生活，让学生体会到数学源于生活，又高于生活。

（二）精选例题

根据精选出的重要知识点，挑选出考试王牌系列题目。通过对王牌例题的学习，加深学生对重要知识点的理解，掌握解决问题的策略与方法。

（三）举一反三

对于每一道例题，设置三道针对性练习题。通过习题训练，让学生学会融会贯通、触类旁通地解决问题，达到巩固所学的知识的目的。

四、课程实施

本课程实施之前应该有所准备：挑选课本中重要的知识点，精心备好课，对每一个重要知识点设置一道精选例题，并为每一道精选例题准备好"举一反三"练习题。本课程共 10 课时。具体实施安排如下。

（一）故事引入法

通过故事引入来讲解知识点的现实背景，贴近学生的实际生活，激发学生的学习热情，提高学生学习的积极性，让学生体会到数学源于生活，又高于生活。

（二）小组研讨法

小组成员对精选例题展开讨论，在合作分享中加深对重要知识点的理解。同时，教师引导学生进行梳理归纳，让学生掌握解决问题的策略与方法。

（三）　练习巩固法

学完例题后进行习题训练。通过习题训练让学生学会融会贯通、触类旁通地解决问题，达到巩固所学的知识的目的。

五、　课程评价

对本课程的评价主要从以下三个方面进行。一是课程活动中的参与程度。它包括听课的专注程度、发言的积极程度以及练习的认真程度等。二是小组活动中的合作分享。它包括在小组活动中积极参与，在讨论中能虚心听取他人的意见，能服从分工，并能主动地帮助他人。三是对课程内容的掌握情况。它包括对相关知识点的理解与掌握，对解决问题方法与策略的运用等。本课程在评价方式上宜采取学生自评与教师评价相结合的方式，具体做法如下。

（一）　学生自评

在活动结束前，教师引导学生回顾整个学习过程，让学生根据自我评价，给自己量身定制一份奖状——"学生自评奖状"，教师在学习结束时把奖状发给学生。

（二）　教师评价

评价方式有课堂随机口头评价、小组比赛奖励式评价，以及学期末的笔试评价，其中平时评价占70％，笔试评价占30％。具体做法如下。

1. 积分制评价法

根据学生在课堂上的表现，对表现优秀的学生奖励相应的积分，一般每个学生每节课可以得到1—5个积分，当学生累积到30个积分时就可以找教师兑奖。

2. 赛事性评价法

每节课结束前设置"解数学题接龙比赛"活动，四人小组将拿到四道题，一人解一道，最先完成全部题目并且答对率最高的小组获胜。

3. 纸笔式评价法

教师根据本课程学习的内容,出一套基础试题,有针对性地考查学生对相关知识的掌握情况。

（执笔人：杨　玉）

课程 4-3

数学汇展

适合对象：二年级学生

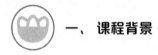

一、课程背景

数学汇展旨在让学生以数学幽默、数学趣题以及数学故事等为素材，选定主题进行手抄报创作。在知识经济的时代，社会对人的创新意识与思维能力的要求越来越高。在未来社会中，一个思维能力不强、创造力匮乏的人的生存能力让人堪忧。教育能否培养出具有严密的思维能力和具有创造精神的新人，是当今素质教育的核心所在。创造性思维是创造能力的核心，也是创造精神和创造能力培养的立足点，毋庸置疑的是，从小加强对学生的创造性思维方法的训练和创造性思维品质的培养，对于实施素质教育具有深远的意义。

数学是思维的体操。作为一门研究数量关系与空间形式的科学，数学不仅具有高度的抽象性、严密的逻辑性，而且具有广泛的应用性。数学以高度智力训练价值以及学科本身所具有的特点，为培养、发展学生的创造性思维品质提供了极大的空间。

本课程的理念是：**感受数学之乐趣，人人都是小小数学家**。本课程就是要把"数学有趣，数学不难"的理念放在第一位，让学生在趣味化、生活化的数学教学活动中，自主地建构数学知识。创设轻松、活泼的教学氛围，使教学活动源于学生生活，源于学生好奇之事，引导学生积极运用自己已有的生活经验去探索、去发现、去体验，让他们亲身感悟数学知识。通过一系列数学活动培养学生对数学的兴趣，把数学与学生生活实际联系起来，让学生看到生活中处处充满数学，学起来亲切、自然，可以通过自己的认知活动，实现数学观念的构建，促进知识结构的优化。学习内容以数学游戏、数学故事、数学实践活动为主。

二、课程目标

（1）通过阅读数学家的故事和参与数学游戏，培养学习数学的兴趣和爱好，在学习过程中获得成功的体验，建立自信心。

（2）通过手抄报制作，增强动手能力和小组合作能力。

三、课程内容

本课程以"在轻松的学习中感受数学的乐趣"为主题，采用模块化设计，突出问题式、探究化特点，为学生的自主、合作、探究学习开辟广阔的背景和空间，引领学生在活动中感受、体验、感悟。内容分为四大模块。

（一）品数学家故事

学习和阅读中外数学家如：华罗庚、陈景润、张广厚、钱学森、高斯、江泽涵、毕达哥拉斯等的故事，介绍国际数学家大会和数学界的诺贝尔奖——菲尔兹奖。

（二）玩数学游戏

过河、有趣的七巧板、排顺序、玩数字卡、贴邮票、巧妙计算、购物中的数学问题、搭火柴棒、找规律、传口令、抢 100 分、拼图游戏、灵活运用人民币等。

（三）历史上的数学

鲁班造锯与类比思想、曹冲称象与转化的思想（化归的思想）、司马光砸缸与逆向思维、开普勒以直代曲的思想、"道旁李苦"与反证法、"大敦穴"的发现与归纳法、《庄子》与无穷的思想、"二桃杀三士"与"抽屉原理"、鸡兔同笼等历史数学趣题。

（四）手抄报制作

学习数学手抄报的内容和类型，根据办数学手抄报的基本要求，设计制作数学手抄报,培养学生的动手能力,增强团队合作意识。

 四、 课程实施

本课程用时 15 课时。具体实施安排如下。

(一) 阅读学习法

学生通过阅读伟大的数学家们的一些传奇的故事,了解他们身上一些高贵的品质和令人称赞的能力,对其产生敬仰,这些伟人也会因此成为学生的偶像,让学生有一个追逐的目标。

(二) 发现学习法

精心设计一些有序的数学游戏。游戏是儿童最好的学习方式和途径,而数学语言却以简练和逻辑为特点。为了把抽象的数学符号变为生动活泼的形象符号,让学生更乐于接受,更容易掌握,将寓教于乐的传统教学理念移植到单调枯燥的数学教学中。

(三) 迁移类推学习法

主要介绍一些数学趣题,这样不仅使学生能够掌握渊博的数学知识,也使那些数学尖子有发挥自己特长的用武之地,更重要的是可以训练他们的思维,增强分析问题和解决问题的能力,促使学生发展,形成健全人格,具有终身持续发展的能力。

(四) 尝试学习法

主要让学生通过小组合作的方式,完成 2—3 张手抄报的制作,制作手抄报不仅锻炼了学生的动手能力,更能让学生将本学期学到的知识、数学家的故事、有趣的数学游戏、经典的数学题目等搬上手抄报,真正实现学有所得。

 五、 课程评价

本课程在评价方式上采取多种形式结合的方法,具体做法如下。

（一）　积分制评价

在数学游戏中巧设奖励，增强学生学习数学的兴趣，例如在游戏中从学生的参与程度、合作情况、学习态度、创新情况等维度设置不同的奖励积分，让学生学有所得，积分累计到学期末可以换奖品。

（二）　评选性评价

进行公开的展示交流评比，优秀作品就会脱颖而出。同学之间、组与组之间相互交流，让学生自由谈论对自己、对他人作品中的优缺点的认识，培养学生一定的评价审美能力。师生共同参与，分别从定题、选材、版面设计、绘画、写字诸方面畅所欲言，评选出公认的优秀作品，并开辟专门的园地进行展示，与此同时，评选出"最佳策划奖"、"最佳组织奖"等，以促进学生策划、组织、协调和实施能力的培养。手抄报定期在全校范围内展示、评选。

（三）　赛事性评价

评选"小小故事家"等，在交流历史上的数学趣题中，关注学生在课程学习中的各项情况，如学习兴趣、学习态度、积极性、参与程度等，采用学生自评、同伴互评、教师评价、观众评价的多维评价方式。

（执笔人：魏巧璐）

课程 4-4

五子棋

适合对象： 二年级学生

 **一、 课程背景**

五子棋是世界智力运动会竞技项目之一，是一种两人对弈的纯策略型棋类游戏。五子棋通常使用黑白两色的棋子。下棋时，将棋子下在棋盘直线与横线的交叉点上，先形成五子连线者获胜。五子棋入门容易，趣味性强，深受学生的喜爱。在连五子的过程中既能培养学生的逻辑推理能力，又能提高他们的空间想象能力。同时，连五子的过程也是结构美的一种组合，能潜移默化地提高对弈者的审美能力。此外，五子棋能促进学生的品行、智力、审美及身心等综合素质和谐发展，经常对弈五子棋有益于身心健康，增进学生之间的情感交流，使学生的各方面潜质得到综合的挖掘和提升。

"五子棋"课程主要是围绕五子棋的教学展开，本课程能培养学生爱国主义情感和良好的棋德意识，系统、准确地掌握五子棋的基础知识及基本比赛方法，培养学生对五子棋的兴趣，逐步提高五子棋的对弈水平，发展学生的思维能力、动手能力、与别人合作的能力、搜集信息的能力，特别是独立解决问题的能力。此外，还能培养学生的规则意识、时间观念，陶冶学生良好的情操，增加他们的生活情趣。

本课程的理念是：**五子同心，"棋"开得胜**。本课程针对二年级学生，采用的是浅显易懂的棋艺方法，通过教师讲解、示范和视频渲染等方法让学生感受到五子棋的魅力，学生在一次次的对弈中提升自己，将自己的各种感官、各种想象空间与逻辑推理能力投入到五子棋中去，成为小小的棋艺高手。

二、　课程目标

（1）了解五子棋的历史渊源和棋艺技巧，感受五子棋的魅力。

（2）经历五子棋的对弈赛事，学会五子棋的基本方法和技巧，提高逻辑思维能力，培养创新意识和棋德意识。

三、　课程内容

本课程以"放飞思维"为主题，内容分为三个模块开展。

（一）　五子棋的基本情况和基本规则

通过课件展示、视频播放、讲故事的方法让学生了解五子棋的发展历史、相关术语，感受我国五子棋历史的源远流长。此外，让学生课后寻找资料广泛阅读，加深对术语的了解，为后面的对弈做好准备。同时让学生观看一些中外五子棋的重要赛事，从而进一步了解五子棋的发展历史。

（二）　模仿练习对弈

主要内容是学习对弈技巧，通过模仿教师所传授的相关技巧，学生进行大量的对弈训练，渐渐积累自己的对弈心得。通过不断的练习来巩固技能，为下棋打下扎实基础。

（三）　课堂交流、学习和展示成果

通过擂台赛、淘汰赛的方法进行团体和个人赛，进一步提高学生的比赛兴趣和水平。在比赛的过程中，教师点化、指导与总结，让学生根据不同的情况自主选择不同的方法进行对弈，形成一套自己的下棋风格。

四、 课程实施

本课程选取优秀赛事视频供欣赏，选取适合学生的简单有趣的对弈技巧供教学参考，计划用时 12 课时。具体实施方法如下。

（一） 观赏与指导

借助观看视频、课件、教师讲授等手段，开拓学生视野，提高学生对生活中的数学的学习兴趣。此外，教师指导学生课后积极进行阅读和思考，并积极分享自己的阅读感受和体会。

（二） 应用与分享

学生模仿教师所传授的相关技巧，进行大量的对弈训练，渐渐积累自己的对弈心得。自主选择伙伴进行训练，让学生充满主人翁意识，并在此过程中培养审美、逻辑推理和创新自主学习的能力。此外，通过小组内合作交流取胜的方法，让学生养成良好的下棋习惯，培养学生尊重他人，愿意与他人合作和沟通的意识，使学生体会、享受下棋的乐趣，培养积极的人生体验，乐观地对待人生。

（三） 对弈与展示

通过擂台赛、淘汰赛的方法进行团体和个人赛，进一步提高学生的比赛兴趣和水平。在比赛的过程中，教师点化、指导与总结，让学生根据不同的情况自主选择不同的方法进行对弈，形成一套自己的下棋风格。

 五、 课程评价

本课程评价在指导思想上突出评价的发展性功能和激励性功能，重视对学生学习潜能的评价，立足于促进学生的学习和充分发展，为"适合学生的教育"创造有利的支撑环境。在评价的主体上调动学生主动参与评价的积极性，改变评价主体的单一性，实现评价主体的多元化。具体评价方法如下。

（一）　生长性评价方法

在学习五子棋对弈技巧的过程中，从出勤、学习态度、合作探究意识、情感态度、学习的动机、行为习惯、意志品质等方面对学生进行评价。学完本模块内容后，再让学生自评和互评。最后综合各方面的评价情况得出学生本模块学习的评价结果。

（二）　展示性评价

在进行知识模块（三）的过程中，通过小组互评和教师评价相结合的形式，对小组对弈的情况进行评价，小组对弈的最后得分作为该组学生本模块学习的评价。

（三）　赛事性评价方法

综合课程学习过程，根据教学内容设计竞赛内容和评分标准，竞赛时的得分作为对该生在本模块学习时的评价结果。同时根据学生对弈的情况以及下棋技巧的灵活性等因素，由学生和教师共同投票评选出"棋艺小高手"。

（执笔人：刘业妃）

课程 4-5

数学大观园

适合对象： 三年级学生

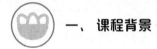 **一、 课程背景**

大观园，是《红楼梦》中贾府为元春省亲而修建的，元春题其园之总名为"大观园"。它不仅是红楼人物活动的艺术舞台，也是现实主义作家曹雪芹总结当时江南园林和帝王苑囿创作出来的园林艺术瑰宝。"数学大观园"就是要带学生走进数学的大观园，领略数学文化的博大精深，读一读数学发展简史，听一听数学故事，做一做经典数学题，悟一悟数学的一些思想方法，激发学生对数学的热爱和兴趣，使学生在获得数学知识的同时，能够得到数学文化的熏陶，提高学生的数学素养。

"数学大观园"课程能让学生了解数学知识背后所包含的数学文化底蕴，数学知识源于生活实践，学习数学知识的目的也是为了将知识学以致用，应用到实际生活当中；能够让学生初步感知数学是一切自然科学研究的基础，所有自然科学的研究都离不开数学这块基石。

本课程的理念是：**文化熏陶，提升素养**。文化是社会学与其他人文科学研究的基本问题之一。广义的文化是指人类创造的一切物质产品和精神产品的总和。狭义的文化专指语言、文学、艺术及包括一切意识形态在内的精神产品。本课程重在让学生对数学文化进行较深入的了解和学习，感受数学应用背后的文化内涵和丰富的人文思想，为此，我们应该为学生提供更丰富的数学资源，包括基本的数学思想方法、民间数学趣题、数学古题名题、数学史、数学家的趣事等，开展丰富多彩的实践探究活动，使数学内容更充实、数学课程更丰满，还原一个有趣的、富有人情味的数学的真实面貌。从而让学生能全面领略数学知识所蕴含的文化底蕴，激发学生的学习兴趣和好奇心，提升学生的数学文化知识素养和数学理解能力。

二、课程目标

（1）通过讲故事，激发学生学习数学的兴趣，掌握解决数学问题的方法，提高思维能力。

（2）了解数学知识和发展史，知道一些重大的数学事件。

三、课程内容

本课程贯穿着数学家的故事、有趣的数学名题，使学生在名人故事中领略数学的魅力，在有趣的历史名题中提高思维能力和解决问题的能力。本课程在内容上可以分为三个模块。

（一）数学家故事分享

通过分享小欧拉智改羊圈、华罗庚的爱国故事、阿基米德定律的发现、蝴蝶效应、笛卡尔的故事等历史上著名的数学趣事和数学家的故事，开拓学生的数学视野，增强学生的数学思维能力。通过这些故事，让学生体会到勤奋有一种巨大的、不可估量的力量，其实先天的资质固然重要，但是后天的学习和自己的勤奋努力才是最重要的，它们是成功的必备条件，只要勤奋，许多不足都可以弥补，许多缺点都可以改变。相信自己的判断，义无反顾地走下去，只要认定了一件事，就要坚持做下去，直到做出成果，做出收获。

（二）统筹和优选法

从田忌赛马这一历史背景说起，引入优选法。战国时期，齐威王与大将田忌赛马，齐威王和田忌各有三匹好马：上马，中马与下马。比赛分三场进行，每场以千金作为赌注。由于两者的马力相差无几，而齐威王的马分别比田忌的相应等级的马要好，所以一般人都以为田忌必输无疑，但是田忌却能以这样的马力跑赢了齐威王，其中暗含着怎样的数学奥秘？

（三） 高斯算法及运用

德国著名大数学家高斯（1777—1855）出生在一个贫穷的家庭。高斯在还不会讲话时就自己学计算，三岁时的一天晚上他看着父亲在算工钱，纠正了父亲计算的错误。

有一次上课，老师说："你们今天替我算从 1 加 2 加 3 一直加到 100 的和。谁算不出来就罚他不能回家吃午饭。"老师讲了这句话后就一言不发地拿起一本小说坐在椅子上看去了。

只过了几分钟，小高斯拿起了他的石板走上前去。"老师，答案是 5050。"你知道小高斯是怎么算的吗？

四、 课程实施

本课程以讲授法和合作探究法为主，预设 8 课时，具体安排如下。

（一） 讲授法

教师可以根据每个数学故事背后所蕴含的数学问题或数学文化以及做人的道理，先出示相关的例题，让学生产生疑惑，再通过故事的形式，让学生了解到原来数学问题还可以通过故事讲出来，营造一种轻松好玩的数学课堂气氛，最后在教师的引导下，学生尝试着自己解决问题。

（二） 合作探究法

通过小组合作，引导学生根据已学的数学知识和已有的数学生活经验，合作探究解决数学故事中的数学问题，然后根据自己的解答，把故事补充完整，教师先不指出对错，让学生自己纠错，这样既可以增加课堂的趣味性，又可以激发学生的学习兴趣，最后教师再对每个小组的成果予以点评，并出示故事最后的结果。

五、　课程评价 ∙∙∙

本课程评价以学生为主体，注重过程性评价，重视学生对数学文化的理解，引导学生共同探讨解决数学故事背后的数学问题，具体评价方法如下。

（一）　演绎评价法

以学生自评的形式，给上台讲述数学故事的学生打分，学生从表演者的表演熟练程度、趣味性、原理介绍、学习成果四方面进行评价。具体评分表格如下。

表演者	熟练度 （1—10分）	趣味性 （1—10分）	原理介绍 （1—10分）	学习成果 （1—10分）	总分 （1—10分）

（二）"故事家"评选

每节课评选出本节课的"故事家"并进行表扬，颁发相应的"表扬信"，所在小组也一并进行表演，并加一定的鼓励学分。

（执笔人：张　志）

课程 4-6

数学魔术

适合对象：三年级学生

 一、 课程背景

　　数学魔术是利用数学原理而设计的魔术。数学魔术始于 1600 年,被当时的算命者利用,来计算人们的年龄。随着时代变迁,数学魔术也在不停地进化,从简单的加减乘除,到复杂的方程计算,以及空间图形、逻辑推理等数学知识都被运用于其中。

　　所以,数学是目标,魔术是手段。魔术强化了数学抽象概念的情感成分,并且在巧妙地违反客观现象的同时制造了认知上的冲突,这种视觉与思考的撞击使接下来的探索与尝试更有感觉,而有感觉的摸索过程,就是学生对数学方法最直接的体验。学生心中对数学的感知不该只是一堆零乱的小碎片,数学魔术的目标,不仅是为了得到数学知识,而是为了让学生体验数学思考的方法。

　　本课程的理念是：**激发兴趣,玩转魔术**。我们发现大多数学生对魔术有浓厚的兴趣,于是我们针对学生的喜好,通过多种途径,查阅了一些关于数学魔术的知识,将魔术的艺术表现形式与数学学科知识有机结合,开发了这门新的课程,希望能让所有学生领略数学的神奇魅力,了解数学魔术中蕴含的数学知识,从而激发学生学习数学的兴趣,从此爱上数学。

 二、 课程目标

　　(1) 学会一些简单的数学魔术,理解数学魔术当中所包含的数学原理。

（2）根据所学的数学知识，自主创新设计几个简单的数学魔术，提升数学思维。

 三、课程内容

本课程以"在揭秘魔术奥秘中体会数学的魅力"为主题，将内容分为八大模块。

（一）巧算电话号码

游戏开始时写出电话号码的前四位数字，接着乘以 80 后再加 1，乘以 250 之后加上电话号码的后四位数字，再加一次电话号码的后四位数字，然后减去 250，最后除以 2（所得到的结果即八位数的电话号码）。

（二）巧算年龄

请对方将出生月份写出来，先乘以 2 后再加 3，接着乘以 50，再加上目前的年龄，最后减去 150。（即得到一个包含月份和年龄的数值）

（三）猜心魔术

先让对方随便写一个五位数（五个数字，不要都相同），用这五位数的五个数字再随意组成另外一个五位数，再用这两个五位数相减（大数减小数），最后让对方想着得数中的任意一个数字，把得数的其他数字告诉你，你只需将数字不断相加直至为一位数，然后用 9 减，便可说出对方所想着的数字。

（四）读心术

游戏开始时桌面上放 27 张扑克牌，玩家从中选择一张扑克牌并记住其花色和数字，然后放到任意位置。接着我们将这 27 张牌分为 3 组，每组 9 张，若他所选的牌在某一组里，则告诉我它藏在哪组里。这样重复 3 次之后，我就能找出你所选的牌。

（五）知单双

将魔术师给的硬币随机分握于左、右手，只要将左手握住的硬币数量乘 3，右手的乘 2，把得到的数字告诉魔术师，魔术师即可猜到左手握住的硬币数量是单数还是双数；反之亦然。

（六）　读懂扑克牌

拿出一副普通的扑克牌给观众检查，当然也可以请观众洗牌，接过扑克牌翻看，做感应状，然后写下观众接下来会拿出来的牌。接着让观众按一定要求拿牌：先在 10—20 之间说一个数(不包括 20)，如 15，然后数出 15 张牌(注意不要打乱次序)；将牌交给观众，并请他将自己所说数的两个数字相加，$1+5=6$；将牌正面朝上数到第 6 张。这就是预言的牌。

（七）　巧算骰子

在魔术师面前把三个骰子立起来，挡住其他所有面只让魔术师看到最上面的骰子，然后让魔术师转过身去。此时在观众的监督下，让魔术师背对着骰子，说出三个骰子上下面数字之和(不包括上面那个骰子)。

（八）　翻转硬币

魔术师拿出三枚硬币，并且告诉学生，这三枚硬币是有灵性的，只听自己的话。然后背对着学生，让学生打乱三枚硬币的正反排序。魔术师告诉学生，他的硬币告诉他最多只需要翻三次(一次翻两枚)就可以把所有硬币翻成正面或反面朝上。

　　四、　课程实施

本课程共 8 个数学魔术，用时 8 课时，主要采用演示法和探究法进行教学。具体实施安排如下。

（一）　互动演绎法

教师与学生互动。教学活动中，教师应充分发挥自己的想象力，站在魔术师的角度，创造视觉冲击，充分调动学生的兴趣和积极性，让学生仿佛进入了一场魔术盛宴，而不是置身数学课堂。表演过程中，教师一定要当自己是魔术师，学生是观众，先入为主，让学生觉得这就是在表演魔术，而不是上数学课。尽可能多地与学生产生互动，多点沟通和交流，让学生的好奇心得到完全释放。

（二）探究体验法

原理推敲和学生重演。表演过后，学生一定会产生好奇和疑问，此时便可以耐心细致地和学生一起探讨魔术背后的数学原理，当学生清楚数学原理之后，便可以自己驾驭数学魔术，并且表演给其他同学或朋友看，也可以回家和父母一起互动，增进亲子之间的感情，无形之间加强了家校互动。

 五、课程评价

本课程遵循激励性原则，注重过程性评价，主要采用演绎评价法和闯关评价法，具体方法如下。

（一）演绎评价法

以学生自评的形式，给上台表演当天所学魔术的学生打分，学生从表演者的表演熟练程度、趣味性、原理介绍、学习成果四方面进行评价。具体评分表格如下。

表演者	熟练度 （1—10分）	趣味性 （1—10分）	原理介绍 （1—10分）	学习成果 （1—10分）	总分 （1—10分）

每节课评选出本节课的"魔术王"并进行表扬，颁发相应的"表扬信"。

（二）闯关评价法

将所学的魔术分成几个关卡进行小组竞赛。第一关：我会填。将所学的魔术原理用文字形式呈现，其中较为重要的字眼设置空缺，小组讨论完成。第二关：任意提出相应魔术问题，让学生根据方法算出正确答案。第三关：魔术展示。在规定时间内展示所学魔术。通过闯关，评选出最佳小组，进行表扬嘉奖。

（执笔人：陈雪珠）

课程 4-7

数学万花筒

适合对象：四年级学生

 一、 课程背景

　　数学文化，从狭义上讲包含数学的思想、精神、方法、观点、语言以及它们的形成和发展；从广义上讲除上述内涵以外，还包含数学家、数学史、数学美、数学教育、数学发展中的人文成分，数学与社会的联系，数学与各种文化的关系等。从历史上看，最先认识到数学文化教育功能的是 2000 年前的古希腊哲学家柏拉图，他曾在所办学府的门口粘贴布告"未习几何者不许入门"。数学是人们在生活实践中逐渐抽象概括出来的经验和总结。在数学教学中，教师容易忽略数学的内在美，忽略学生学习数学的情感体验和人文素养，而侧重培养学生的知识和技能。在《义务教育数学课程标准（2011年版）》中，注重学生的情感发展，让学生体验数学、感悟数学、品味数学已经被提到了重要地位。学生在低年级体会到数学的趣味，产生学习数学的浓厚兴趣，到了中年级，将进一步品味数学文化。

　　数学头脑是数学文化素养的一个重要组成部分，它主要在于精神素质。一是求真精神，即追求真理、坚持真理和去伪存真的精神。二是真善美的价值观念，指的是特别喜欢并愿意努力寻求事物的和谐、简单的观点与信念。三是从学习数学的酸甜苦辣中磨炼顽强的意志，体会数学文化能够帮助人们分析和解决问题，也能提升人们对美的享受。新课程标准强调学生数学表达能力的训练和数学作业形式的多样化和开放性。让学生撰写数学日记，能达到这个意图。写数学日记，可以拓宽学生的认知领域，让学生的思维更具广阔性；写数学日记能培养学生观察生活、发现生活中的数学问题的能力；通过发现、描述、解答生活中的数学问题，能让学生认识到数学对现实生活的意义，让学生体会到数学无处不在，懂得学习数学的价值，培养学生的数学思维；运用数学知识解决问题，能让学生初步地用数学思维看待现实生活，从而增强学习数学的兴趣。

本课程的理念是：**品味数学文化，提高数学素养**。通过数学家的故事、数学综合实践活动和数学日记的形式，以必修的方式丰富学生的知识面，拓展学生的视野，感受数学的魅力，增长数学的技能，进一步提高数学素养。

二、 课程目标

（1）了解数学家故事，经历数学综合实践活动，学会运用数学知识解决实际问题。

（2）感受数学文化的源远流长，激发学习数学的热情，形成勤奋好学、善于思考的学习习惯。

三、 课程内容

本课程以"感受数学文化，培养数学素养"为主题，内容分为三个模块。

（一） 数学家的故事

了解历史上四大数学家（阿基米德、牛顿、高斯、欧拉）的故事，结合课本内容，感受数学的博大精深，体会数学的魅力，提高数学文化素养。

（二） 综合实践活动

学生参与"小神算手"、"小统计家"、"我的营养午餐"、"我来设计我的家"等综合实践活动，促进同学之间的合作交流，加深对知识的理解，提高运用数学的能力。

（三） 数学日记

学生用数学的思维方式去观察分析现实生活问题，并用日记的形式记录下来，可以是学习的心得体会、数学小发现、解题思路或自编数学题等，这可以增强学生应用数学的意识，增长数学思维的广度。

 四、 课程实施

本课程共设 20 课时，分上、下两学期完成。具体实施方法如下。

（一） 文献学习法

带领学生收集数学家故事、数学名词来历、数学符号产生经历等资料，感受数学文化的源远流长，激发学习数学的热情，提高寻找、收集和分析资料的能力。

（二） 合作探究法

通过小组分工探究有关口算与巧算、概率与统计、"我的营养午餐"等综合实践活动，将数学知识运用于实际，培养学生学数学、用数学的能力。

 五、 课程评价

在评价上，注重过程性评价，坚持激励性评价，关注个性特色评价。主要采取以下评价方法。

（一） "最佳搭档"评价法

通过每个小组进行自评和互评，从小组合作程度、完成任务情况、互帮互助等方面进行评价，评出参与最积极、合作最互补融洽的学习小组。

（二） "我是收集小能手"评价法

通过展示，评出收集资料最全、整理最有条理的学生，旨在引导学生学会分析处理信息资料。

（三）"最佳数学日记"评价法

通过投票选出撰写最佳的数学日记，旨在引导学生学会将自己的感受、思考记录下来，形成文字。

（执笔人：王　琳）

课程 4-8

趣味数学

适合对象： 四年级学生

 一、 课程背景

"趣味数学"这个名词相信不用做太多解释,社会上有关"趣味数学"的书籍非常多,"趣味数学"的课程也非常常见。"趣味数学"与传统数学相比,突出的一个"趣"字,将原来大家认为枯燥无味的数学知识、思维训练以有趣的形式表现出来,寓教于乐,以提高学生学习数学的效率,激发学习数学的兴趣。"趣味数学"的思维训练,不仅能调动学生的积极性从而掌握渊博的数学知识,也能使那些对数学充满兴趣的学生有了发挥自己特长的用武之地,更重要的是可以训练学生的思维,增强分析问题和解决问题的能力,促进发展、形成健全人格,具备持续学习的能力。

有效的数学教学须通过多种途径去提高学生的学习兴趣,以激发他们的学习动机。本课程让学生在趣味化、生活化的数学教学活动中,自主地建构数学知识;通过创设轻松、活泼的教学氛围,使教学活动源于学生的生活、源于学生好奇之事,引导学生积极运用自己已有的生活经验去探索、去发现、去体验,使其亲身感悟数学知识。根据对小学数学四年级教材的了解,设计出有趣的数学课程,对学生进行引导,降低学生接受的难度。学生通过探究和发现感受到有趣有用的数学,同时体会我们中国古代光辉的数学成就,从而有信心学好数学。

本课程的理念是：**赏数学之趣,品数学之味**。为了把抽象的数学符号变为生动活泼的形象符号,让学生更乐于接受、更容易掌握,"趣味数学"将寓教于乐的传统教学理念移植到单调枯燥的数学教学中,让学生在看图读图、动手动脑中潜移默化地掌握操作学习法、阅读学习法、迁移类推学习法、发现学习法、尝试学习法等众多学习方法,让学生通过饶有兴趣的认知方式轻松掌握所学的知识。

二、 课程目标

经历有趣的数学活动,感悟学习数学的乐趣,提高学习数学的兴趣,培养图形观察能力和思考能力。

三、 课程内容

本课程以有趣的数学为主旋律,内容分为四大模块。

(一) 趣味故事

主要内容是学生通过阅读一些与数学相关的趣味故事,理解故事中渗透的数学道理,激发对数学学习的兴趣,增强学习数学的自信心。

(二) 趣味图形

主要内容是通过呈现一些趣味图形题,让学生通过观察图形的变化,动脑动手去解决图形问题,培养学生的观察能力和思考能力。

(三) 趣味计算

主要内容是针对四年级学生的一些数学计算,如两位数乘两位数的计算、乘法分配律等,让学生找到巧妙的计算方法,提高计算水平和能力。

(四) 趣味实验

主要内容是通过开展一些与数学相关的小实验,让学生在动手中发现问题,分析问题,寻找解决问题的方法,提高解决问题的能力。

四、 课程实施

本课程共四个模块，用时 12 课时。具体实施安排如下。

（一） 故事贯穿法

通过《小花与面包》、《龟兔赛跑》、《聪明的佩奇》等数学故事贯穿整节课，激发学生对数学学习的兴趣，增强学生学习数学的自信心。

（二） 分析问题法

通过"巧用三角尺"、"字母里的数学"、"巧妙的移动"等数学课，培养学生的问题意识，提高学生提出问题、分析问题和解决问题的能力。

（三） 计算训练法

通过个人速算、小组竞赛速算、巧算练习等方式，培养学生的快速计算能力，开拓学生的思维发展。

（四） 实验教学法

通过"有趣的绳索"、"磁铁的奥秘"等实验活动课，培养学生动手做实验、探索数学真相的兴趣。

 五、 课程评价

本课程评价以学生为主体，注重过程性评价，坚持激励性评价，关注个性特色评价。

（一） 数学故事大王

通过同学之间相互投票，选出最会讲数学故事的学生。

数学故事大王评分表					
姓名	数学关联性 （30分）	趣味性 （30分）	表达能力 （20分）	表演技能 （20分）	总分 （100分）

（二）数学神算手

通过多次竞赛，积分制评选出数学神算手。

数学神算手积分榜				
姓名	第1次	第2次	第3次	总积分

（三）学生自评和小组互评

根据学生分析和解决问题的能力、动手实验探究能力等方面进行自评和小组互评。

（执笔人：李莹莹）

课程 4-9

思维对对碰

适合对象：五年级学生

 **一、课程背景**

数学思想，是现实世界的空间形式和数量关系反映到人们的意识之中，经过思维活动而产生的结果，是对数学事实与理论经过概括后产生的本质认识。基本数学思想则是体现或应该体现于基础数学中的具有奠基性、总结性和广泛性的数学思想，它们含有传统数学思想的精华和现代数学思想的基本特征，并且是历史地发展着的。通过数学思想的培养，数学的能力才会有一个大幅度的提高。"基本思想方法"是课程总体目标中"四基"的重要内容之一。课程改革十几年来，各个学校的数学课堂都有加强"基本数学思想"的教学与研讨，并取得了一定的成效，但仍存在较大的提升空间。

作为小学基础教育阶段的主要学科，小学数学课堂教学在培养和发展学生思维能力、掌握基本的思想方法上有着非常重要的作用。"思维对对碰"课程结合数学学科的自身特点和小学阶段学生的心理特征，始终将思维训练贯穿于数学课堂教学过程中，激发学生的思维动机，理清学生的思维脉络，培养学生的思维方法，最终促进学生思维能力的提高。

本课程的课程理念是：**走近数学思想，拓展数学思维**。现有数学课堂以传授数学知识为主，数学思想的渗透明显不足，课堂上"吃不饱"的情况较为普遍。针对课堂上"吃不饱"的学生，以选修课的形式，选取一些常见的、经典的思维训练内容，让学生了解小学数学中常用的几种数学思想，掌握几种常用的数学解题方法，这是对平时课堂内容的一种有效拓展与补充。

二、课程目标

（1）学习一些常用的、经典的思维训练内容，初步掌握一些常用的思想方法。

（2）克服数学学习的畏难情绪，增加数学学习的自信心，开拓数学思维。

 三、课程内容

本课程以激发学生思维动机，培养学生基本数学思想为主要目标，围绕小学数学中常见的几类基本数学思想方法展开。具体内容如下。

（一） 数形结合的思想

"数形结合"是数学中最重要的，也是最基本的思想方法之一，是解决许多数学问题的有效思想。"数缺形时少直观，形无数时难入微"是我国著名数学家华罗庚教授的名言，这是对数形结合作用的高度概括。本课程中的作图法解题、行程问题、组合图形面积的计算、长方体和正方体拓展训练等内容都是数形结合思想的运用。

（二） 转化思想

转化思想是把一个未知（待解决）的问题化为已解决的或易于解决的问题来解决，如化繁为简、化难为易、化未知为已知、化高次为低次等，它是解决问题的一种最基本的思想，也是数学基本思想方法之一。结合国家教材编排特点，本课程主要围绕数的整除问题以及分数和小数的互化等内容展开，培养学生的转化思想。

（三） 分类思想

在数学中，我们常常需要根据研究对象性质的差异，分各种不同情况予以考查。分类思想是一种重要的数学思想方法和重要的解题策略。引起分类讨论的因素较多，归纳起来主要有以下几个方面：1.由数学概念、性质、定理、公式的限制条件引起的讨论；2.由数学变形所需要的限制条件所引起的分类讨论；3.由于图形的不确定性引起的讨论；4.由于题目含有字母而引起的讨论。结合五年级教材内容的特点，本课程主要围绕一题多解和简单的数学开放题展开教学。

（四）比较思想

比较思想是数学中常见的思想方法之一，也是促进学生思维发展的手段。在教学分数应用题中，教师善于引导学生比较题中已知和未知数量变化前后的情况，可以帮助学生较快地找到解题途径。本课程选取的盈亏问题就是一种典型的比较思想的运用。

（五）代换思想

代换思想是解题时可将某个条件用别的条件进行代换。如：学校买了4张桌子和9把椅子，共用去504元，一张桌子和3把椅子的价钱正好相等，桌子和椅子的单价各是多少？解题时可以将4张桌子用12把椅子代换，也可以用3张桌子来代换9把椅子。代换思想是方程解法的重要原理，本课程安排的列方程解题就是对代换思想的学习。

四、课程实施

本课程以讲授法和合作探究法为主，预设15课时，具体实施如下。

（一）讲授法

采用讲述、讲解和讲演等多种讲授方式，对作图法解题、行程问题、组合图形面积的计算、列方程解题以及长方体和正方体拓展训练等内容进行教学，向学生渗透数形结合思想，让学生会用数形结合思想方法解决实际问题。

（二）合作探究法

在综合考虑学生的性格特点、学习成绩、男女搭配等因素的基础上，按四至六人一组将学生分成几个学习小组，以小组为单位进行合作学习整除问题、分数和小数的互化、一题多解、简单的数学开放题、盈亏问题等专题内容,在合作探究中渗透转换思想,会用转换思想解决实际问题;渗透分类思想,会用分类思想解决实际问题;渗透比较思想,会用比较思想解决实际问题。

 五、 课程评价

本课程的评价坚持激励性评价原则,既关注对学习过程的评价,也关注对学习结果的评价,同时兼顾对学生个性特色的评价。具体评价方法如下。

(一)"十佳解题小能手"的评选

每学期课程结束后,以书面竞赛和口头答辩相结合的形式在全体学生中开展"十佳解题小能手"活动,选优评出 10 位"十佳解题小能手"。

(二)"数学达人"的评选

根据课程学习过程中学生的解题、讲题情况,由学生投票选出最有创意的解题,提供该解题思路或方法的学生,授予本期"数学达人"称号。

(三)"最强大脑"的评选

综合课程学习过程中学生回答问题的情况以及一题多解的能力等因素,由学生和教师共同投票评选出"最强大脑"学生。

(执笔人:何江勇)

课程 4-10

数学达人

适合对象： 五年级学生

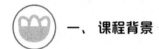 **一、 课程背景**

达人，是一个近年来流行的新名词，指在某方面很精通的高手。"数学达人"课程，就是希望能够充分激发学生用数学解决问题的潜能，把学生培养成应用数学知识解决生活问题的高手。

新课程标准提出要重视对学生发现问题、提出问题、分析问题和解决问题的"四能"培养。然而在以往的数学教学中，教师非常重视数学知识与技能的教学，而很少关注数学知识与实际生活之间的联系。学生学会了知识，却难以运用数学知识来解决数学问题，造成了知识学习和知识应用的脱节，学生也无法感受到数学的趣味性与应用性。因此，教师在教学中应充分利用学生已有的生活经验，从学生的生活实际出发，引出数学问题，让学生体会数学就在身边，感受"在情景中学习数学是最有趣的，为生活而学数学是最有价值的"，从而体验到数学的魅力，并随时把所学的数学知识应用到生活中去，培养学生的数学应用能力。

本课程的理念是：**实用数学，妙用数学**。根据学生的年龄、认知发展特点和生活经验，精心设置内容，对课本知识进行拓展延伸。培养学生应用知识解决生活中实际问题的能力，拓宽学生的学习领域，激发学生的数学学习兴趣，培养学生的合作意识，促进学生综合能力的提高。

二、　课程目标

（1）体会数学与生活的联系，学会利用数学知识解决生活中的问题。

（2）能较好地表达数学思想，学会合作和创新。

三、　课程内容

本课程以"在生活中感受数学的奥妙"为主题，具体分为以下三个模块的内容。

（一）　生活中的数学

数学源于生活，又高于生活。精选课本中与生活密切相关的知识，在新知学习时通过"裸情景"，引导学生经历"数学化"的过程，让学生深刻体会数学与生活的密切联系，感受生活中处处有数学。

（二）　实用的数学

新授课后，利用新学习的数学知识来解决生活中的问题，在运用知识的过程中既加深了对知识的理解，又提高了分析解决数学问题的能力，体会数学学习的价值。

（三）　数学小达人

每节课布置一道生活中的数学问题，让学生独立思考并解答，最后根据汇报情况评出"数学小达人"，激发学生的学习积极性与主动性，享受数学学习的乐趣。

四、　课程实施

本课程实施之前应该有所准备：挑选课本与生活密切联系的知识点，精心备好课。本课程共 15 课时。实施路径与方法如下。

（一） 新知体验法

精选课本中与生活密切相关的知识点。在新知学习时，通过创设生活情境导入，引导学生经历数学化的过程，亲身体验知识的形成过程，体会数学源于生活。

（二） 运用巩固法

新课结束后，开设拓展延伸课程。引导学生运用所学知识来解决生活中的数学实际问题，在观察、分析、判断和推理中加深对知识的理解，进一步培养用数学的眼光来观察生活的意识。

（三） 评比提升法

每节课设置"我是数学小达人"评比活动，布置一道生活中的数学问题。在评比活动中激发学生的学习热情，培养学生思维的灵活性、敏捷性和探索精神。同时，在评比活动中，注重学生创造力的培养，提倡求异思维，鼓励学生大胆设想，提出独特的见解和想法。

 五、 课程评价

本课程在评价方式上宜采取问答评价和小组解题评价相结合的方式，具体做法如下。

（一） 问答评价法

教师采取问答的形式对学生掌握的知识进行考查，每节课计分，答对记 2 分，答错不记分。期末累计最终成绩进行排名，前三名给予奖励。

（二） 小组解题评价法

教师对小组的解题数量、解题速度进行统计，观察组内成员的合作意识和合作能力。每节课按解题数量多少排名分别记 5、4、3、2 分，成功解题的情况下按解题速度快慢额外记 4、3、2、1 分。期末累计前三名的小组成员均可获得奖励。

（执笔人：董　倩）

课程 4－11

阶梯数学

适合对象： 六年级学生

 一、 课程背景

"阶梯数学"以小学、初中的衔接知识和思想方法为主要内容。从小学进入中学，数学知识从横向、纵向两方面发展，变化十分明显。小学的知识内容是具体的，而初中的知识内容是抽象的。初一数学知识中，数的范围、数的形式发生了变化，几何拓展能力要求不断提升，解决问题的方法也发生了变化，因此进行一些过渡性的学习非常有必要。

过渡性学习在教学中要注重转化思想、数形结合思想、分类讨论思想等多种数学思维方式的渗透，使学生能更快发展分析问题、解决问题的数学能力，以更好地适应初中数学的学习。

本课程理念是：**进一步发展学生的数学逻辑推理能力**。教师要在充分了解学生已有知识水平的基础上，站在学生的角度想学生之所想，帮学生之所需，真正树立"让每一个学生都有效学习"的现代教育理念。教师在教学准备中应充分钻研教材，要挖掘教材的空白处或抓住知识的生长点和发展点，根据学生的接受能力，设法同相关的中学学习内容建立联系，相应地渗透，处理好中学数学教学和小学数学教学的衔接。

 二、 课程目标

（1）巩固小学数学知识，了解一些初一数学知识，培养学生举一反三的能力。

（2）通过解难题，养成克服困难的毅力。

 三、 课程内容 ⋯⋯⋯⋯⋯⋯⋯⋯⋯⋯⋯⋯⋯⋯⋯⋯⋯⋯⋯⋯⋯⋯⋯⋯

本课程以小升初衔接知识为主，内容分为六大模块。

（一） 数系扩张——有理数

主要内容是在学习负数的基础上，扩展有理数的有关概念，完善数轴的模型，让学生体会数形结合的思想，为中学学习有理数的意义和运算打下良好的基础。

（二） 代数式

主要内容是用字母表示数，并会列式表示数量关系。小学数学教材内容通俗具体，而初中数学学习内容较为抽象。用字母表示数和方程，不仅要注重计算，而且要注重简单的证明。从具体发展到抽象，由静态发展到动态，学生认知结构发生根本变化，这与小学相比增加了难度，重视代数式衔接是非常必要的。

（三） 发现规律

引导学生数形结合，相互印证，并感受用"形"来解决"数"的有关问题的直观性和简捷性。通过数形结合的方法，利用图形的规律，从不同的角度，尝试用自己的语言描述出数列的通用模式。

（四） 一元一次方程

主要教学内容是一元一次方程、方程的解的概念，培养学生根据问题寻找相等关系、根据相等关系列出一元一次方程的能力。

（五） 概率初步

主要内容是抽样的方法、概率分布表、概率分布直方图和概率分布折线图。

（六） 几何初步

初步认识图形的基本性质，掌握基本的识图、作图技能。体会数、符号和图形是有效描述现实世界的重要手段。

四、 课程实施

本课程共设 15 课时，安排在六年级下学期进行。具体实施方法如下。

（一） 讲授法

讲授法是教师运用口头语言系统地向学生传授知识的方法。它是一种最古老的教学方法，也是迄今为止在世界范围内应用最广泛、最普遍的一种教学方法。讲授法可以使学生在比较短的时间内获得大量的、系统的知识，有利于教学活动有目的、有计划地进行。在"阶梯数学"课程实施过程中，许多知识模块的学习都需要用到讲授法，如有理数和方程的有关概念。

（二） 演示法

演示法是教师把实物或实物的模型展示给学生观察，或通过示范性的实验，通过现代教学手段，使学生获得知识更新的一种教学方法。它是辅助的教学方法，经常与讲授、谈话、讨论等方法配合使用。比如本课程中有关数形结合的内容和图形的认识都可以通过多媒体课件进行展示，化抽象为具体，抓住问题的本质。通过丰富的生活实例，特别是学生感兴趣的素材，唤起已有的生活经验，激发学习兴趣，在具体情境中感受学习的必要性。

（三） 练习法

练习法是学生在教师指导下，进行各种练习，从而巩固知识、形成技能技巧的教学方法。练习法的基本形式是学生在教师指导下的一种实践性学习。它可以有效地发展学生的各种技能技巧。课程中的技能技巧都是通过练习形成、巩固和提高的，在教师指导下进行各种及时、集中的练习，能够取得比较迅速的效果。

五、 课程评价

本课程评价由过程性评价和结果性评价两部分组成，以百分制呈现，过程性评价占30％，结果性评价占70％，最终换算为学分进行成绩认定。

（一） 过程性评价（30％）

过程性评价＝课堂评价(10％)＋作业评价(10％)＋模块检测(10％)

1. 课堂评价(10％)

评价要素：认真听讲，不做与学习无关的事情；认真思考，积极发言，回答问题语言规范，善于提出有价值的数学问题；敢于提出质疑，别人回答问题时认真聆听。

评价等级：A. 优秀　B. 良好　C. 合格

评价方式：各小组组长做好小组成员的发言记录，采用生自评、生互评、教师评。

2. 作业评价(10％)

评价要素：能够独立、正确、按时且高质量地完成课内外作业；及时订正作业中的错题；主动请老师再次批改。

评价等级：A. 优秀　B. 良好　C. 合格

评价方式：通过作业批改记录及作业展览进行生自评、生互评、教师评。

3. 模块检测(10％)

评价要素：模块知识梳理情况；模块测试结果；能独自全面、正确、清晰地梳理模块知识。

评价等级：A. 优秀　B. 良好　C. 合格

评价方式：通过数学小报的展评和课堂发言进行生互评、教师评、小组评。

（二） 结果性评价（70％）

测试，以课程测试卷面成绩的70％计入。

（三） 学分认定

优(85—100分)：学习能力强，学习习惯良好，要继续努力，主动帮助别人。

良(70—84.5分)：学习能力较强，习惯较好，仍需努力提升学习能力，主动探索知识。

及格(60—69.5分)：有学习能力，要积极参与学习，不怕困难，努力完成学习任务。

不及格(60分以下)：没有养成良好的学习习惯,解决问题能力有待提高,不善于与同伴交流合作。

（执笔人：张俊敏）

第五章 艺术之美：让心灵之花绽放异彩

艺术是一曲华章，突破苍穹的约束；艺术是一幅水墨，点染无尽的山水；艺术是一支舞曲，恢弘青春之彩；艺术是一尊塑像，雕刻新兴之美……绘画、雕塑、音乐、舞蹈，等等，艺术蕴含"生命"的力量，促进人之生命的丰盈与成长。让儿童浸染艺术的气息，沉浸在艺术的海洋中，内塑修行，滋养心灵，让心灵之花绽放异彩。

艺术课程是传递知识的载体，同时也是内塑修行，滋养心灵，让心灵之花得以绽放的旅程。

艺术课程以培养健全的人格为目标，它充分利用艺术的审美功能来达到育人目的，将艺术科目的学习作为人生不可或缺的素养充实、渗透到课程中，同时以活动为载体，发展学生个性，构建"艺术之美"系列课程，促进多门艺术学科的沟通和融合，努力拓展以多种艺术门类为基础的综合性学习领域，在"幸福就像花儿一样"的办学理念的引领下，培养学生感悟美、鉴赏美、评判美、创造美的能力，为健全学生综合素质打下了良好的基石，进而全面提高学校的办学品位，也为精神文明建设添上浓墨重彩的一笔。

艺术之美课程涵盖音乐与美术两个板块，内容十分丰富。音乐板块内容有："灵动节奏"、"粤味童谣"、"越舞越爱"、"魅力古典"、"多彩和声"、"戏剧魅影"等。美术板块内容有："魔法拓印"、"经纬印染"、"奇异民居"、"鸟语花香"、"编织"、"纸浆艺术"等。其中，"灵动节奏"运用打击乐器、节奏律动、创编等方法让学生感受到节奏的魅力，培养学生的节奏感，为今后的音乐学习打下一个良好的基础。"粤味童谣"让广东童谣走进音乐课堂教学，这是传承我国地方特色歌曲最直接的途径。"越舞越爱"培养学生的肢体表达能力和丰富的想象力。"魅力古典"通过古典音乐名曲赏析的形式让学生慢慢地熟悉和了解古典音乐；将世界上最优美的古典音乐小品、奏鸣曲、交响乐等作品以讲故事的形式介绍给学生，从而促使学生在这些伟大的作品中产生心灵的共鸣，激发学生的想象力和创造力，培养学生缜密的思维能力。"多彩和声"指引学生用正确的姿势、科学的发声方法进行歌唱，感受和声的美妙。"戏剧魅影"通过音乐剧小组形式的说、唱、歌、舞、演的学习，让学生的听觉、视觉、触觉、形体、语言等方面的能力得到充分发挥。"魔法拓印"让学生在实践中感受乐趣并掌握技法，探索不同纹理拓印出的效果，结合绘画创新作品，通过设计延展生活。"经纬印染"，教师通过视频导入和技法展示，让学生快速理解制作方法，并在多次尝试中发现染色的偶然性，沉浸在创作的喜悦里，并把这些创意衍伸到生活中。"奇异民居"集中强化学生了解和保护传承美术文化；学生了解奇异民居的布局结构和因地制宜、就地取材的特点及其体现的艺术魅力，从而加深对建筑造型的理解，增强对民族建筑艺术的热爱之情，从小树立起一种保护民族传统文化，热爱家园的责任感、使命感。"鸟语花香"使学生从中掌握传统中国画的表现技法；笔、墨、纸、砚是中国画的主要材料，要能灵活运用这些材料，在不断的绘画实践中探索用笔、用墨、用色的技巧，总结出规律性的经验，并在此基础上培养学生对我国传统绘画的兴趣和意识，进一步实现传统文化的传承，提高自身的文化底蕴及修养。"编织"则让学生重点感受编织之美，享受制作之乐；在课程设计布局中通过范例赏析、合作研讨、趣味创作、亲子互动等教学活动让学生体验麻绳在指尖的缠绕与飞舞，行走在平面与立体实物间，创造出绚烂精彩的装饰美。"纸浆艺术"通过范画赏析、合作研讨、趣味设计等教学活动让学生感受到平面纸浆画与立体纸浆作品的魅力，学生在一次次的设计创作中放飞自己的灵感，用独特的造型、大胆的色彩、细致的粘贴，快乐地投入到有情感性、有故事性、有智慧性、有文化情结性的创作中去，成为小小纸浆画艺术家。艺术科组课程建设多元化的设计，遵循学生心灵发展的需求，通过自由多样、生趣十足的课程内容，去充盈、拓展他们的内心，使学生的心灵得以强健丰满、积极向上、包容豁达，如春之花朵般绽放异彩。

　　艺术素养的形成是长期的，只有通过长久持续的学习和实践才能达成，艺术素养培养的重要手段就是"实践"。因此利用好多种实践途径对课程的实施尤为重要。

　　我们每周在固定时间内开设特长专业课程。教师可对艺术特长生进行重点培养，这些优秀的学生分散到各班后将起着引领和榜样作用，从而带动各自班级的艺术专业发展。

我们重视艺术宣传活动。积累和应用艺术知识，才能更进一步地了解和实践艺术探究的过程和方法。我们以学生参与各项艺术活动为主体，集中开展了一系列图文影像的宣传活动，如美篇、微信传播、学校宣传栏展示、校内专项绘画展、汇报演出等，将学生的学习状况向社会各界人士展现，用以培养学生热爱艺术学习的情感态度和价值观。

我们开拓艺术节活动平台。每年 5 月是我校艺术节，举办多种艺术竞赛，如绘画比赛、手工贴画比赛、书法比赛、舞蹈比赛、才艺秀等，各项活动的展开用以带动学生"学艺术，玩艺术"的热情。艺术节既作为一个检视学生艺术素养的平台，更是一个展现学生自己亮点的舞台。

我们参与各类艺术比赛，积极参与全国、省、市、区级各类艺术活动与比赛，在收获各项比赛荣誉的同时提升学生对艺术学习的信心与热情，同时也是学生升学的有力保障。

艺术抒发情感，陶冶情操，培养审美能力。绘画、雕塑、音乐、舞蹈，鼓瑟笙箫，妙笔丹青……让儿童浸染艺术气息，沉浸在艺术的海洋中，使心灵之花绽放异彩。

（执笔人：吴　慧　杨晓玲　郭　葳）

课程 5-1

灵动节奏

适合对象：　一年级学生

一、课程背景

　　"节奏"一词是由希腊字"rhein"即"流动"衍生而来，它广义的解释就是"运动的节律"，一切协调、平衡的律动都可称为节奏。狭义地说，长短不一的音按照一定的规律组织起来就是节奏。

　　音乐是由旋律、节奏等因素组成的。德国当代著名作曲家、儿童音乐教育家卡尔·奥尔夫认为：音乐构成的第一要素是节奏，不是旋律。节奏是可以脱离旋律而存在的，旋律则不可能脱离节奏而存在。节奏就像旋律的脉搏，能给旋律带来鲜明的性格。总之，节奏是音乐的骨架，离开了节奏，音乐就不称其为音乐了。

　　一年级的学生在幼儿园的音乐学习中，只是稍稍接触了音乐，会唱唱、跳跳，但并不正规。在实际的音乐教学中，要结合一年级学生的年龄特点和实际水平，从培养节奏感入手，进行音乐启蒙训练，以培养学生对音乐的感受力和理解力。

　　本课程的课程理念是：**快乐节奏，灵动启蒙**。针对低年级学生，教师需要根据学生的学习能力进行教学，设计丰富有趣的教学内容，调动学生的积极性，增添学生学习的趣味性。本课程运用打击乐器、节奏律动、创编等方法让学生感受到节奏的魅力，培养学生的节奏感，为今后的音乐学习打下一个良好的基础。

二、课程目标

　　（1）通过学习乐理常识，了解节奏的基本概念、节奏读法和拍打的方法，初步感受和体验节奏的魅力。

(2) 通过课堂打击乐、声势律动、节奏创编等方法，感知节奏在不同音乐活动中的运用，体会到节奏是音乐中最基本的要素。

(3) 通过节奏的学习，探究节奏在音乐中所体现的意义，激发对音乐的学习兴趣，感受音乐的无限魅力。

 三、 课程内容

本课程以奏响打击乐为主题，具体内容分为四个模块。

(一) 乐理常识

主要内容是学习基础的乐理常识，掌握简谱记谱法，学习音符、休止符的名称、形状与时值，为今后的教学奠定一个良好的学习基础。

(二) 节奏节拍

主要内容是掌握节奏与节拍的概念，区分节奏与节拍的不同以及它们之间的关系，了解拍子的种类，学习节奏型的拍打方法，并自己创编节奏型组合。

(三) 认识打击乐器

主要内容是了解打击乐器的种类，熟知打击乐器名称，学习打击乐器的正确使用方法。利用打击乐器给歌曲创编伴奏。

(四) 打击乐展示

主要内容是成立打击乐队，选择表演曲目进行排练，让学生参与到学习、排练、服装、道具、化妆等每一个环节，合力排练一场打击乐音乐会，向家人和观众汇报演出。

 四、 课程实施

本课程根据教学目标、教学内容分为四个模块，用时 16 课时。实施路径与方法如下。

（一）　乐理常识

教学目标：了解音乐的形成基础,学习基本的乐理知识,掌握简谱记谱法,了解音符的名称、形状与时值。

教学内容：认识简谱,学习音符的名称与形状,学习休止符的名称与形状,掌握音符的时值。

教学方法：讲授理论法、感想讨论法、课前探究法、课中分享法、课后拓展法。

（二）　节奏节拍

教学目标：感受节奏律动的魅力,掌握节奏与节拍的概念,了解拍子的种类,学习节奏的拍打,进行音乐伴奏创编活动。

教学内容：节奏与节拍的概念、拍子的种类、节奏型的拍打学习、创编节奏型。

教学方法：律动教学法、分享感受法、实践法。

（三）　认识打击乐

教学目标：将前面知识的学习运用到打击乐的学习中,认识打击乐的名称及种类,利用打击乐为歌曲编配伴奏,提高课堂趣味性,激发学习兴趣。

教学内容：了解打击乐器的名称和种类,学习打击乐器的正确使用方法、利用打击乐器敲击节奏、利用打击乐器为歌曲编配伴奏。

教学方法：练习法、模仿法、讲授法、讨论法。

（四）　打击乐展示

教学目标：充满自信与活力地参与打击乐展示的每一环节,敢于表现自己,在团队合作与学习中举办一场打击乐音乐会。

教学内容：成立打击乐队,确定表演曲目,打击乐舞台彩排,打击乐舞台展示。

教学方法：讨论法、实践法、展示法。

 五、课程评价

本课程在评价方式上宜采取学生自评、家长评价、教师评价相结合的方式,具体做法如下。

（一） 学生自评

学生从学习收获、学习成果、学习中的优缺点三方面来进行自我评价，在括号内写下答案。具体评价方式如下。

"灵动节奏"自我评价
评价人
你在"灵动节奏"的学习中，已经掌握了基本的节奏型吗？（   ） A. 是   B. 否   C. 基本掌握   D. 掌握了一点点
你给自己的学习成果打多少分？（   ） A. 5分   B. 7分   C. 9分   D. 10分
说说自己的在学习过程中的优缺点。（   ） A. 吃苦耐劳   B. 勤奋学习   C. 懒懒散散   D. 不喜欢学习

（二） 家长评价

以打星星的方式进行评价，最多五颗星星，最少三颗星星，具体方式见下表。

"灵动节奏"家长评价	
学生姓名	评价人
1. 积极参与，主动性高	
2. 掌握知识，准确运用	
3. 团结互助，关爱同学	
4. 表演展示，毫不怯场	

（三） 教师评价

评价方式有课堂随机口头评价、小组活动奖励式评价，每个阶段准备一些小奖品，还有学期末的总结式评价。教师评价具体方式见下表。

"灵动节奏"教师评价				
学生姓名		评语		评价人	

教师根据学生平时考勤纪律、团结协作、学习兴趣、技能掌握程度、作品质量等情况撰写评语。

（执笔人：谢馨瑜）

课程 5-2

越舞越爱

适合对象： 三年级学生

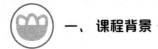 **一、 课程背景**

　　舞蹈是一种表演艺术，是用身体来完成各种优雅或高难度的动作，一般有音乐伴奏，以有节奏的动作为主要表现手段的艺术形式。现代舞，是 19 世纪末和 20 世纪初在欧美兴起的一种舞蹈流派，其主要美学观点是反对当时古典芭蕾的因循守旧、脱离现实生活和单纯追求技巧的形式主义倾向；主张摆脱古典芭蕾过于僵化的动作程式的束缚，以合乎自然运动法则的舞蹈动作，自由地抒发人的真实情感，强调舞蹈艺术要反映现代社会生活。儿童现代舞是以儿童为服务对象的现代舞，通过儿童的视角，创编属于儿童自己的舞蹈，是有较大挖掘潜力的艺术文化门类。

　　儿童在练习现代舞的过程中，不仅练习了舞蹈的基本功，发散了创作思维，还培养了对美的认识。儿童现代舞除了具有现代舞一般的特征外，还适应儿童特有的情趣、心理状态和对事物的理解、思考方式，并通过具体、鲜明的形象与活泼、明快的情节向儿童剖析严肃的主题，进行美的感染。因此，儿童现代舞是儿童成长的媒介。儿童现代舞有利于调动儿童的肢体表达能力和丰富的想象力，它是一门有利于儿童全面发展的课程。它能开拓儿童的知识视野，丰富儿童的内心世界，提升儿童的艺术修养。

　　本课程的理念是：**小创意，大舞台**。我们希望，每一个儿童在经历儿童现代舞表演活动的过程中，能充分满足表达自己对舞蹈的理解、想象和感悟或表达自己某种理想的愿望。通过一个学期儿童现代舞的学习，让儿童爱上现代舞这个艺术文化门类，接受美的感染和熏陶，培养儿童积极的创造精神，发展他们的意志和想象力，从而使他们的思维能力受到锻炼，唤起他们的求知欲，尽可能地使他们正确认识现实世界与周围事物,以巩固其自身既有的道德感。

二、 课程目标

(1) 通过对现代舞的学习,初步了解儿童现代舞表演艺术的特征,感知现代舞的魅力,增强对现代舞表演艺术的兴趣。

(2) 通过对现代舞的创编和演绎,探究如何用舞蹈来表达自己的内心世界和情感,丰富学生对美的理解与诠释。

三、 课程内容

本课程以儿童的舞蹈创作为主旋律,内容分为四部分。

(一) 现代舞介绍

主要内容是现代舞的概念、发展历史及前景,通过认识一些重要的现代舞团和现代舞演员,增进学生对现代舞的认知。

(二) 舞蹈基本功训练

主要内容是舞蹈基本功的训练,增强学生的肢体表达能力,培养其对现代舞的兴趣爱好。

(三) 现代舞表演排练

内容包括传授学生现代舞表演中应具备的模仿力、想象力、自主创造能力等,通过排演了解如何在舞蹈中表达情感,从而锻炼舞台表达能力。

(四) 现代舞展示

主要内容是利用学校或区里各种活动的舞台,让学生参与现代舞的编排、表演、化妆等每一个环节,最后排练出一支儿童的舞蹈,展示给自己的家人和观众。

四、 课程实施

本课程共四个部分，用时 32 课时。实施路径与方法如下。

（一） 观摩与鉴赏

观摩优秀的现代舞作品能够提高学生的审美情趣，通过观摩能够产生情感波动，让学生畅谈观赏现代舞的感受，学会鉴赏，激发学生学习舞蹈的兴趣。

（二） 模仿与练习

加强舞蹈基本功的训练，通过模仿教师的基本功动作，不断练习舞蹈基本功，提高身体各个方面的协调性，为更好地表达舞蹈内涵打下扎实的基础。

（三） 创编与配合

给学生一个固定的主题，让学生根据自己对主题的理解创编出属于自己的舞蹈动作，教师及时给出引导性的建议，在此过程中培养学生的审美情趣和自主创编能力。通过小组内合作排练，让学生明白舞蹈中队员之间配合的重要性，从而更好地表现舞蹈内涵。

（四） 排练与展示

全体学生共同排练一部舞蹈作品，在学期末展示。在排练的过程中，教师根据舞蹈剧情的需要进行指导，学生根据剧情展示自己的内心情感，最后形成一个完整的舞蹈作品展示给观众。

 五、 课程评价

本课程在评价方式上主要以学生自评、家长评价、教师评价相结合的方式，按优秀、良好、合格三个等级进行评价。

（一） 学生自评（学生针对舞蹈基本功训练掌握程度，进行自我评价）

（1）可同时完成手位、脚位动作，压胯动作，压腿动作的，可获得优秀。

（2）可完成其中任意两项动作的，可获得良好。

（3）可完成其中任意一项动作的，可获得合格。

（二） 参与课后舞蹈练习（家长评价）

（1）坚持每天练习 1 次，可获得优秀。

（2）一周能坚持练习 2—3 次，可获得良好。

（3）偶尔想到练习，可获得合格。

（三） 参与舞蹈表演展示（教师评价）

（1）能做到熟记舞蹈动作、活动中积极参与、讲究与同伴之间的配合，可获得优秀。

（2）可做到其中任意两项的，可获得良好。

（3）可做到其中任意一项的，可获得合格。

（执笔人：王丛丛）

课程 5-3

多彩和声

适用对象： 五年级学生

 一、课程背景

　　合唱是集体的歌唱活动,个人的演唱必须服从整体的要求,如果各行其是,旁若无人地引吭高歌,只能是一种杂乱的音响,无法取得协调的效果,那就谈不上艺术表现了。只有各种技术因素都达到高度统一,才可能使合唱灵巧而有表现力,演出才能有魅力、感染力和生命力。

　　合唱艺术也是声乐艺术的最高表现形式。随着合唱事业的发展,童声合唱以其独特的艺术魅力越来越被人们所喜爱。可以说,童声合唱简直就是"天籁之声",纯净、优美,给人一种天使飞来人间的感觉,听者几乎每根神经都为之牵动,心旷神怡。童声合唱之所以具有独特魅力,是因为它与成人合唱相比,具有清纯、率真、明快的特点,因此它除了具备与其他合唱一样的特点外,还有"儿童化"的特点。

　　本课程的理念是：**天籁之音,合唱童音**。在本课程教学过程中围绕音乐主线,通过和声音乐带给学生美的感受。

 二、课程目标

　　(1) 初步了解合唱的功能及其对自己健康成长的意义。

　　(2) 能用正确歌唱的姿势唱歌,运用科学的发声方法进行歌唱,感受和声的美妙。

　　(3) 掌握起拍与收拍,整齐划一,起得整齐,收得干净。

三、 课程内容

本课程以儿童的合唱为主旋律，内容分为四个主题。

主题一：中国童谣　曲目：《月亮月光光》《卖报歌》

童谣，是为儿童作的短诗，强调格律和韵脚，通常以口头形式流传。具有特定节奏、韵律的童谣能帮助学生获得该语言的韵律、节奏，即所谓的语感。

主题二：外国歌曲　曲目：《太极动物园》《卖花生》

学唱不同国家的合唱歌曲，感受不同语言带来的韵律，欣赏不同国家不同民族的风情。

主题三：诗歌美篇　曲目：《咏鹅》《游子吟》

诗歌与音乐总是紧密相连的，两者是艺术的共同体，纵观我国历代诗歌文化的发展与历史，诗歌与音乐之间有着相互补充、相互交融的密切关系。作为艺术结合体的诗歌和音乐，诗歌是情感的载体，音乐是情感的宣泄窗口，诗歌与音乐之间存在着一条隐形的"脐带"，彼此具有相辅相成性。

主题四：现代风情　曲目：《希望之光》《原始之音》

合唱艺术最早源于欧洲的基督教音乐，学习现代作品，感受艺术歌曲与现代歌曲风格的不同、演唱方式的不同、发声的不同、表演形式的不同。

四、 课程实施

本课程根据教学目标，具体设计了 15 课时，具实施的方案如下。

（一） 合唱姿势的训练

上身保持直立，胸部保持吸气时的状态，提眉，面部略带微笑，队员的姿势要统一。合唱中统一姿势，首先给人的印象就是精神抖擞、整齐美观，它是合唱中诸方面统一的第一步。实际上统一合唱姿势不仅使合唱队具有整齐美观的外表，更重要的是这关系到整个合唱队的发声状态，所有合唱队员的身体器官只有尽可能地保持状态一致，才能使所有合唱队员的发声"乐器"处于相对统一的工作状态中，从而获得比较完美的音响效果。这是合唱追求的目标，而统一的姿势就是做到这一点的有力保障，另外，良好的姿势还有助于在合唱排练中减少疲劳，从而提高排练效率。

（二） 合唱呼吸训练

呼吸是发声的动力，也是共鸣、音准、吐字等的基础，没有合理统一的呼吸就没有良好的气息支持，也就没有好的歌唱。

日常身心平静时的呼吸是无意识而较浅的，激烈运动或者情绪紧张时呼吸会自然加深。歌唱时属于较深的呼吸，是有意识、有控制的，而且更深沉，腹部的活动更积极。但这并不是说把注意力都集中在呼吸上面，而是体会这种正确的活动状态，以适应演唱的需要。

歌唱时的呼吸是口鼻同时进行的。口腔内部打开，软颚提起，面部提眉，两肋及腹部扩张，很自然就完成吸气过程了。区别于其他呼吸活动的是要把这种状态维持住，用以准备发声，并且支持整个歌唱过程。脑子里想着这种"吸"的状态，结合感情进行歌唱，就能产生富有感染力的纯净而嘹亮的歌声，这种感觉始终不能松懈而要贯穿始终，演唱进行中的呼吸千万不能放松这种状态。

吸气的深浅按歌唱的需要，切忌太深，那会影响发声的灵活性，使呼吸器官僵硬，音也无法唱准。一段快速而短的乐句吸气更少，慢速乐句稍深些，以自然舒畅而又能很好完成演唱为宜。如果感到气息不够或者憋闷，都应做相应调整。

整个合唱队的呼吸和分句都要统一，特殊的高音、延长音或破句的呼吸尤其要由指挥指示并经过练习。有一种特殊的合作技巧，训练有素的合唱队才能掌握好，就是循环呼吸。简单地说，就是合唱队员轮流换气，使合唱音响不间断，没有句逗间隙，刻画一种连绵的高远无垠的意境。关键是把歌唱的生理和精神状态保持住，共鸣位置不动，呼吸时不闭口，还要努力倾听邻近同伴的演唱，别人正在换气时自己不能同时换气，待别人完成换气重新加入演唱时，顺着集体的音响动势不露痕迹地收住声音，两肋微张，腹部扩张，吸气后再同样加入演唱。对于训练有素的合唱队员，这是一个时间极短的过程。使用这个方法，合唱队的一个声音可以无限制地延长，这是独唱演员无法做到的，为了突出循环呼吸的艺术效果，指挥往往要求队员们在通常句逗之处不要换气,使句子之间的衔接更加天衣无缝。

(三) 合唱的音量控制训练

很多作品都要通过小而弱的音量来表现内容,造成力度的对比。音量大的歌手必须善于控制自己的歌声,以免破坏整个声响效果。弱声时要求更集中、更有力、更有紧张度。因此,队员应该掌握半声、轻声、抑制声的唱法;学会随时调整力度,做到强而不噪,弱而不虚,使演唱符合整个声调的变化要求。

(四) 合唱的音色训练

通过对共鸣的泛音的调节,使音色有灵敏而多样的变化能力,或浓或淡,或明或暗,能高亢激越,能深沉委婉,有极大的适应性,能根据音乐内容而做出变化,这些变化又统一在声调处理之中。

(五) 合唱的发声训练

歌唱的声音有音质、音高和音量的要求,还有声调处理的起伏变化,要调动所有与发声有关的器官参加工作,而且正确灵活地配合动作,才能实现演唱的发声。

(六) 合唱的艺术处理训练

波动是合唱的忌讳,尽可能不要使用,因为波动的幅度大小或波动太快都会破坏合唱的音响。

总之,合唱的统一要求是为了达到完美的艺术境界,做到了这些就可达到强而不炸,轻而不虚;高而不挤,低而不压;快而不乱,慢而不断。统一得越好,合唱队的演唱水平就越高。

 五、课程评价

通过课程的学习,在期末或各项活动中通过展示进行课程的评价,如：个人演唱展示、小组二声部演唱展示、小组多声部演唱展示、合唱团多声部演唱展示。

(执笔人：杨晓玲 李琳玉)

课程 5-4

魔法拓印

适合对象： 一年级学生

 **一、 课程背景**

　　拓印，也称"拓石"，也指现在的"碑帖"，就是把石碑或器物上的文字或图画印在纸上，也可用纸紧覆在物体（如植物的叶等）表面，将其纹理结构打拓在纸上，即把实物拓印到纸上，具备了印刷术的基本要素，是有刷有印的工艺技术。

　　拓印是中华民族的国粹，在传统文化技艺中，有着无可比拟的特殊地位，传承拓印艺术是我们光荣的使命。设置此课程的意义就是学习拓印技法，了解中国传统拓印，传承发扬，赋予新意，感受民间传统风格的美感，体会自主创新的乐趣，让传统文化更好地为现代社会服务。

　　本课的课程理念是：**触摸肌理，传承拓印**。拓印的过程是有趣而惊喜的，学生在实践中感受乐趣并掌握技法，探索不同纹理拓印出的效果，结合绘画创新作品，通过设计延展生活。

 二、 课程目标

　　（1）学习拓印，掌握拓印的方法，感受其中形色的关系，了解它在生活中的应用。

　　（2）通过实物拓印，产生肌理，获得视觉和触觉上美的感受；通过拼贴拓印，学习设计图形并自制凸版，感受版画乐趣；通过吹塑纸作画，感受凹版画的效果。

三、 课程内容

本课程共分四个模块，主要学习拓印的技法。学生分别从实物拓印、拼贴拓印和版画刻印三种方式中探索版画效果，辨别凸版凹版、阴刻阳刻带给人的不同视觉感受。

（一） 介绍拓印

本课介绍拓印历史，探究拓印方法，拓宽拓印色彩及材料范围。教师讲述示范什么是拓印，让学生在玩中理解拓印。玩游戏是直观的教学过程，吸引了学生的注意力，调动了学生积极参与的情感，教师用鼓励的语言激励学生，让学生在轻松愉快的氛围中感受知识的魅力。

（二） 实物拓印

利用生活中的常见物，比如轮胎、树皮、叶子等，在其表面涂上颜色，印在设计好的画面上，就是实物拓印版画。学习利用实物形状经过巧妙的构思组合，拓印一幅完整的画面。学生自主寻找肌理花纹，开发想象，拓宽视野。

（三） 拼贴拓印

用纸板剪出想要的造型，拼贴在一幅构图中，并在其表面薄刷颜料，用纸拓印。可以重复使用，既可同色，也可套色，效果丰富。学生通过观察、交流、练习等过程，掌握基本的拓印方法，培养动手实践的能力。

（四） 版画刻印

介绍木刻版画，普及阴刻阳刻概念；介绍制版技法，展示木刻作品。让学生初步了解木刻版画的相关知识，认识到其自然、生动、朴拙、淳厚的特点，在理性上对拓印概念的认识有所提升。在学习过程中运用代替材料吹塑纸和铅笔，代替木板和刻刀，制作一幅作品，培养学生创作与制作的兴趣。

四、 课程实施

本课程的每个模块课程的设置为1—2课时，具体的实施方法如下。

（一） 视频观赏法

通过视频导入，介绍拓印的由来、历史、现状及种类，并深入介绍不同类型拓印的技法及步骤，使学生对这种艺术形式留下深刻印象。

（二） 示范讲解法

在视频介绍的基础上，教师现场演示拓印技法，在示范前适当设问，让学生观察拓印工具的特点，猜测其用途；也使学生带着问题，有重点地观察示范过程，形成互动，从而更好地达到示范讲解的效果。

（三） 实践操作法

在示范讲解的基础上，学生了解各类工具的名称及用途，拓印的步骤及方法，大胆操作各种工具，利用多种材料及颜色进行拓印实践，在动手的过程中反复提升自己拓印的技法，逐步改善画面效果。

（四） 排练展示法

先展示同一技法中学生练习的系列作品并进行比评，分析优劣效果的成因，总结技法应用；再展示不同技法的优秀作品并进行点评，讲解不同的技法呈现的巧妙效果。

 五、 课程评价

（一） 作品评价法

考核方式与要求：从画面效果的五个方面来考核。画面效果分成造型美、色彩美、纹饰美、创意美、节奏美（画面的构图、疏密）。通过考核评选"拓印新星"。

（二）展示性评价

考核方式与要求：通过课程的学习，依据在课堂或各项活动中的表现，从认真程度、团队合作、积极发言、作品效果等四个方面进行评分。通过考核评选"课堂先锋"。

（执笔人：谷　静）

课程 5-5

奇异民居

适合对象：三年级学生

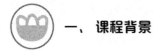 一、 课程背景

由于我们祖国疆域辽阔，民族众多，各地的自然环境、社会环境不同而使得各个地方、各个民族生活方式等都不同，因此，各个地方的人们建造居住的房屋的样式和风格也不相同。我国民居是建筑艺术宝库中的珍贵遗产，也是乡土文化和民族精神的载体，是对学生开展爱祖国、爱家乡教育的重要内容。

我国民居建筑有着深厚的文化传统，是对中和、平易、含蓄而深沉的美的追求。尽管随着历史的推移，在不同的朝代、不同的地区具有不同的风格特点，但总体而言，住宅的这种格调变化没有太大的突破，从而形成不同于西方传统住宅的独特体系。我国民居具有浓厚的中国传统文化特色，显露出中国的传统思想内涵。因此，我们应该鼓励学生接触民居建筑，并培养学生对民居建筑的学习兴趣，强化学生对民居建筑的自主探索能力。

本课程理念：**感受民居之美，体验创作之乐**。由于建筑业的发展，农村与城市的联系也极为密切，城市的建筑发展改变了多年遗留下来的传统建筑风格，取而代之的是砖混结构的"方盒子"组合的"新宅"，这样的民居失去了中国传统建筑的精神和文化性。当今世界经济一体化，随之也带来了外来文化，在西方国际主义设计运动为主流的形式下，在"为形式而形式"的思想潮流下，给中国的传统建筑形式带来了毁灭性破坏。它们虽然符合当今建筑的步伐，但是在文化方面并无创新，而传统民居在高度发达的建筑技术的冲击下，已渐渐被遗忘。本课程集中强化学生了解和保护传承民居的美术文化，让学生了解奇异民居的布局结构和因地制宜、就地取材的特点及其体现的艺术魅力，从而加深学生对建筑造型的理解，增强学生对民族建筑艺术的热爱之情，从

小树立起一种保护民族传统文化,热爱家园的责任感、使命感。

二、 课程目标

(1) 初步了解民居在建筑材料方面的多样性,描述民居的造型艺术特色,能用线条描绘自己发现的民居建筑外形及屋顶、门、窗等的形状。

(2) 通过小组合作探究学习,感知人类在与大自然竞争中所体现的智慧。掌握奇异民居的造型特点,运用绘画、陶艺等形式表现出奇异的民居。

三、 课程内容

本课程通过三个模块让学生了解我国传统民居的形式和特点,认识其他传统民居建筑的形式和特点,感受我国传统民居的艺术魅力。

(一) 北方特色民居

(1) 展示北京四合院的图片,让学生观察北京四合院的色调,了解北京四合院的布局,分析四合院体量特点及形成原因。

(2) 窑洞式住宅的分布、分类、内景、门窗装饰的展示。

(二) 南方特色民居

(1) 客家民居、福建土楼的简介,要求学生观察图片,思考福建土楼与北京四合院在体量、开窗、布局、功能等方面的不同。欣赏不同形状的福建土楼。

(2) 皖南民居简介,皖南民居建筑特色,学习天井——四水归堂。

(三) 少数民族民居

(1) 蒙古包的分布、特点、布局及材料。

(2) 竹楼的布局及材料、房间的使用。

四、 课程实施

本课程每个模块课程的设置为 5—6 课时,具体的实施方法如下。

(一) 图片观赏法

多角度欣赏民居照片,让学生感受民居的奇异,提高学生对民居的审美情趣。让学生谈一谈感受,学会鉴赏,激发兴趣,运用欣赏美术作品的方法和技法,促进艺术鉴赏能力的提高。

(二) 研讨分享法

引导学生通过小组合作研讨与学习,描述环境、气候对民居造型、居住功能的影响。综合各小组的研究结果,就能对各种民居建筑形成较为完整的认识和理解。学生完成作品后,进行集体作品展示,通过分享策略引发师生互动、生生互动,有效提高学生对作品的理解能力。分享不仅有助于培养学生的感受力和表现力,还能发展学生的观察力、想象力和创造力,让学生得到全面发展。

(三) 实践操作法

学生观察民居,翻阅有关的资料及表现民居的绘画、雕塑和邮票上的作品。用语言描述和画笔表现民居建筑外形、屋顶、门、窗等的造型特点,从中了解、感知人类与大自然是如何相处的,体会人类的聪明智慧。教师示范,学生从中学习绘画技法和创造绘画技法。鼓励学生用绘画表现最清楚、最生动、最精彩的民居。

 五、 课程评价

(一) 评价原则

本课程本着科学性、可操作性、公平性、全面性原则,从不同的维度予以评价。

（二）　评价方式

1. 整体评价

整体评价是促进整个班级正确认识自己，全面提高自己的评价方式。

2. 分小组评价

一开始分好组，鼓励他们竞争，让他们进行比赛，及时地给相应的小组加 1 分，明确评价标准，最后的优胜者还能得到精神或物质方面的小小奖励。

3. 个别评价

课堂上的一问一答式或者就学生的某一幅作品进行评价。这种评价不仅仅面向那些优秀的学生，应该把更多鼓励、肯定的话语送给那些弱势生们，他们一次精彩的回答、一次绘画作业的进步，都应该及时地、肯定地给予他们正确的评价，激发他们的绘画兴趣及上进心。

（执笔人：郭　葳）

课程 5-6

纸浆艺术

适合对象： 五年级学生

 **一、 课程背景**

　　纸浆画是以学校碎纸机分割出的粒状碎纸或者白色卫生纸为原料,在泡软后加入白乳胶、各色颜料制作出适合学生进行艺术创作的工艺美术作品,是一种新型的美术表现形式。纸浆画颜色鲜艳,具有浮雕效果,彩色画泥可以在纸、木、瓷、玻璃、石头等材料上绘制,干后即可成作品。纸浆质地柔软,可塑性强,安全无毒,无过于复杂的制作过程,原材料也随处可见,具有环保性。

　　制作纸浆画充满了童趣与乐趣,纸浆画装饰感很强,在一定程度上能提升学生的审美意识。学生在纸浆画的设计课程中,手、脑、眼都得到了锻炼,创新能力得到提升,也使学生对多种工具表达的探索兴趣有了增强。

　　本课程的理念是：**让纸浆活跃起来**。本课程通过范画赏析、合作研讨、趣味设计等教学活动让学生感受到平面纸浆画与立体纸浆作品的魅力,学生在一次次的设计创作中放飞自己的灵感,用独特的造型、大胆的色彩、细致的粘贴,快乐地投入到有情感性、有故事性、有智慧性、有文化情结性的创作中去,成为小小纸浆画艺术家。

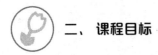 **二、 课程目标**

　　(1)感受纸浆作画的独特艺术魅力,有一定的图像识别能力与审美能力。

　　(2)积累纸浆画创作技巧,乐于进行纸浆画的艺术创作,增强综合材料的美术表现能力与创新能力。

 三、 课程内容

本课程以让学生爱上纸浆画为宗旨，坚持灵活教学、趣味创作、艺术引领的原则，教学内容大致分为四个模块。具体内容如下。

（一） 万物之灵

主要内容是通过对植物、动物、人物的观察、欣赏，归纳其形态特点、细节特征、色彩变化等，感受大自然赋予各种生物独特的生态美，从而激发学生用美术的语言、纸浆作画的形式表达万物之美，产生对纸浆画创作的向往。

（二） 艺术之美

主要内容是构图方式、造型方式、细节处理、笔触表现等技法练习。采用范画赏析、合作研讨、收集资料、同学互助等方式组织教学。五年级的学生已经有较强的自主学习意识，艺术大师的作品能起到较好的引领作用，学生也乐于站在巨人的肩膀上做一些有趣的尝试。

（三） 设计之趣

设计之趣、创作之乐始终贯穿这一模块，让学生充分发散思维，提升想象力与创造力。运用"头脑风暴"来理解主题；用范画鉴赏来提高眼界；通过及时点评进行有效反思，吸取经验；通过多练习多合作来提升动手能力。

（四） 收获之乐

学生之所以喜爱纸浆画这种创作形式，一定是因为他参与此活动时感觉到了快乐，有了他所独有的收获。因此大家一起分享自己的收获是极其重要的。主要内容是通过小型画展、小型分享会等活动将作品向家人、朋友、同学、教师展示。

四、 课程实施

本课程的每个模块设置 4—5 课时，具体的实施方法如下。

（一） 课堂普及式展开教学

此课程面向全年级学生普及性展开，充分利用课堂的 40 分钟时间，在有限的 40 分钟内进行精简的理论讲解，设置简单的绘画内容，设计小幅的绘画纸张，创设合作互助的学习环境，鼓励学生在课堂内及时完成作业，保证适时讲评与总结。

（二） 第二课堂中进行高层次提升教学

在课堂普及式教学的基础上，学生积累了一定的纸浆画创作技能，而在第二课堂内进行学习的学生艺术素养相对较高，教师适时给出国内外大师的优秀作品，提升学生眼界的同时，其实是给予了学生创作的模板，对学生产生联想、进行创作有着重要的作用。对此，应根据每个学生的能力特点，制订不同的绘画主题与内容，设计大幅的独特的画面，鼓励个人创新，鼓励独特的艺术追求。

（三） 家校合作式探究教学

学校教育、家庭教育和社会教育的有机结合、紧密联系是教育良性发展的有力保障。学校课堂内的纸浆画学习受制作工具、课时、人数、学生个体差异性等条件制约，作品的完整呈现会有一定的局限性。制订一个纸浆画阶段性学习课后检测与评估方案，让家长参与到学生的学习中，辅助学生在家完成一件纸浆画作品，并分享创作过程与心得，成为学生在校学习后的一次课后拓展与检验，作品会进行打分评价、评奖与展览。

 五、 课程评价

在评价思想上，结合课程目标及学生在活动中的表现，坚持以学生为主体，尊重学

生的能力差异,注重过程性评价和激励性评价,关注个性特色评价。具体评价方式
如下。

(一) 考核式评价的方式与要求

从画面效果的五个方面来考核,每个方面满分为 5 颗星,共计 25 星。画面效果分
为:造型美、色彩美、纹饰美、创意美、节奏美(画面的构图、疏密)。

(二) 积分制评价的方式和要求

通过积分奖励的办法调动学生的主观能动性,规范学生的行为。为鼓励学生长期
参与纸浆画创作学习的积极性,为每个学生设立一个积分账户,当学生出现符合积分
奖励事项的行为时,由学生本人申请或组长登记进行兑换,享受相应的奖励。积分奖
励的要点有:学生学习的投入程度(学生课堂学习积极主动、认真投入、思维活跃);学
习目标达成度(当堂完成任务、实现课时教学目标);知识与技能达成度(不同层面的学
生对当前应该掌握的知识、技能的达标率应是 100%);学生学习习惯以及课堂习惯的
养成与体现情况(认真听讲、主动思考、质疑、积极参与讨论、制作习惯良好)。

(三) 展示性评价的方式和要求

规定时间,如以当堂课、半个月、一个月、半学期、一学期为时间界限对学生的学习
成果进行展示性评价(非书面),要求展示评价的过程中结合各方面人士的指导性、激
励性与启发性评价,最大限度地激励学生的学习动能。

(执笔人：吴 慧)

课程 5-7

编织

适合对象： 三年级学生

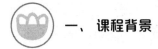 一、 课程背景

  编织是一种通过手指的运动把细长的东西互相交错或勾连而组织起来的技术。"编"指"编结"，就是边编边打结的工艺，既可平面也可立体，可运用不同的打结方法和不同的软硬材料形成各具特色的工艺作品。"织"指"交织"，有经纬之分，按一定的规律互相一上一下交织，称作"交织组织"。编织在我们生活中随处可见，如毛衣、地毯、窗帘、椅垫、竹席、花篮、吊床、手提袋、中国结、手链、发夹、腰带等，既实用又极大地丰富了我们的生活。

  编织是人类最古老的手工艺之一，在我国有着悠久的历史，是民族文化艺术的瑰宝。例如，千年传统工艺潮绣，是我国第一批国家级非物质文化遗产。作为我国藤编的主要产地之一，早在唐代，广东琼山等地的人们便以野鹿藤编织成帘幕，有的还编有花卉、鱼虫、禽鸟等图案。编织种类繁多，按原料划分，主要有竹编、藤编、草编、棕编、柳编、麻编六大类。编织品种主要有日用品、欣赏品、家具、玩具、鞋帽五类。编织作为一种古老的手工艺活动，在其发展过程中又逐渐被注入了时尚、文化等新的内容。因此编织既实现了技艺的传承发展，又实现了价值的增值和创新。由此可见，对三年级学生开展编织课程，可使其认识编织与生活的关系，同时对了解编织工艺在现实生活中的实用价值、审美价值和文化价值具有重要意义。

  本课程的理念是：**编织工艺与生活**。本课程通过引导学生在认识身边编织品的基础上了解编织的分类和历史，引导学生发现编织工艺在现实生活中的实用价值、审美价值和文化价值。同时培养学生的主动探究意识和动手能力，引导学生在编织中体

验劳动,享受成就感,还能激发学生的好奇心和求知欲,培养创新意识。通过编织课堂,学生将了解民族传统文化和民族精神,并获得相关的科学知识。

 二、 课程目标

（1）了解编织的分类、特点以及在生活中的应用,感受中华民族传统艺术文化的魅力。

（2）学习简单的编织方法,制作简单的编织作品,体会编织带来的快乐,享受成功的体验,感受中华文化的博大精深,培养爱民族文化的情感。

 三、 课程内容

本课程主要让学生学习中国传统的编织艺术文化,进一步了解中国民间传统艺术文化的传承与发展。通过实际的动手操作,掌握手链、绳结以及简单的编织工艺品的制作方法,能够独立完成一些简单作品的制作。课程主要分为三个部分,具体内容如下。

（一） 编织文化

主要内容是了解编织的种类以及在生活中的实用价值,欣赏编织的家具、衣服、玩具以及工艺品,体会编织工艺存在的审美价值和文化价值,感受中华民族传统艺术文化的魅力,弘扬和传承中华民族的优秀文化传统和精神。认识绳结以及制作工具,通过教师的语言讲解和观看相关的视频,了解编织的种类及特点,进一步认识编织在生活中的作用。欣赏编织工艺品,培养审美情趣,陶冶热爱中华民族传统的心灵。

（二） 编织技术

主要内容是学习手链、绳结等编织的基本方法,如双人结、"十"字结等,进而编织手绳、中国结等作品,独立或者合作完成简单的编织作品,认识更多的编织方法。根据掌握的绳结编织方法或通过查阅资料学习的其他材料的编织技巧创作出一个自己喜欢的编织工艺品。通过小组交流学习，认识更多的编织方法，培养团结合作意识，增进同学间的友谊。本模块主要是增强学生的观察理解能力和动手能力，手脑并用，增强实践操作能力和创造力，培养学生对编织等中国传统艺术文化的热爱。

（三）作品展示

主要内容是在学习基本编织方法的基础上进行自由创作，通过自荐、互评、他评的方式选出各类作品进行展示，激发学生的创作热情。教师引导学生评选作品，并进行点评与奖励，通过小组互评、班内投票等方式评选，选出优秀的作品进行展示。通过开展作品的展示活动，给学生创造一个相互交流学习的平台，增强学生的沟通交流能力，增进同学间的友谊。

四、课程实施

本课程注重以学生为主体，突出学生在学习中的主体地位，在教学过程中采用理论学习与实践探究相结合的方式。本课程共 15 课时，主要以讲授、欣赏和动手操作相结合的方式展开，具体实施方法有讲授法、实践操作法、小组合作完成法和展示法。在编织前，一般由教师讲解编织过程，接着学生自行或者合作完成编织任务，最后由学生和教师共同完成评价过程。

五、课程评价

本课程注重以学生为主体，将小组竞赛和成果展示评比两种评价方式相结合。

（一）评选编织小能手

在学习编织文化、编织的种类、编织的方法等过程中，采取小组竞赛的方式进行评比，激发学生的学习热情，最后评选出 5—10 个编织小能手。

（二） 评选最佳编织小组

在课程开展过程中，学生可以独立完成编织，也可以以小组形式完成难度较高的编织，根据编织过程的复杂程度与编织结果的美观性进行评价，评选出最佳编织小组。

（三） 成果展示评比

学习编织后，让学生自由创作，将作品进行班级展示与分享，根据成果展示情况对其进行评价。

（执笔人：梁楚珠）

后 记

　　金秋送爽,独坐窗前,我脑海中突然浮现此时所有长满籽粒和果实的植物都将丰盈的头垂向大地的画面,这也许是它们对孕育了自己的大地母亲一种无言的敬奉和感激吧。东荟花园小学《核心素养导向的课程设计:花园式课程的文化与聚焦》一书即将与读者见面,这是我校多名老师献给东荟学子的一份可贵之礼,这也代表我对课程改革不断深入,课程建设热情高涨的教育生活一份无言的敬奉和对敬业奉献、乐学善思的老师们诚挚的感激。

　　教育部《关于全面深化课程改革 落实立德树人根本任务的意见》的颁发和实施,标志着以知识为中心的学科教学转化为以培养核心素养为核心的综合育人。从"知识核心"时代走向"核心素养"时代,它挑战着我们现有的课程设置与评价体系,它拷问着我们校长和老师们的教育素养、课程理念等。培养学生的核心素养是未来课程改革的使命,我认为,深化课堂教学改革,拓展教学载体,推进课程建设,从而让课堂与课程相互成就是培养学生核心素养,促进教师发展,提升学校办学品质的重要途径。我校于2013年9月创建,办学初期,团队凝心聚力,学校特色初显。学校以"一切为了师生幸福成长"为办学宗旨,提出了"幸福就像花儿一样"的办学理念,在办学理念的引领下,我们提出了"缤纷童年,幸福绽放"的课程理念并不断推进"花园式课程"建设,通过五年多的积累,尤其是近两年来的努力,课程建设成果初显。《核心素养导向的课程设计:花园式课程的文化与聚焦》共分为"总论"、"人文之雅"、"健康之乐"、"科学之真"、"思维之活"、"艺术之美"六章,具体阐述了我们的课程哲学、课程目标、课程体系、课程实施等,我们希望以"雅、乐、真、活、美"为育人目标,以课程建设为主要抓手,培养具有"人文之雅、健康之乐、科学之真、思维之活、艺术之美"的现代幸福学子。

　　感谢上海教育科学研究院杨四耕先生热情细致、专业到位的指导! 在课程建设不断推进的过程中，每每碰到盲点，杨老师便有求必应，无私帮助，有时亲自操刀改稿，我对他的感激之情无以言表。

感谢课程建设团队同仁们的艰苦劳作，尤其是近两年来，他们积极思索、不断探求、认真实践、一丝不苟的做事风格和认真、严谨的治学精神成就了这本书。

清风徐徐，幽香阵阵，言不尽意，欲言又止，唯有把感激之情化为行动，我将带领团队全力以赴，努力实践，真正培育具有"人文之雅、健康之乐、科学之真、思维之活、艺术之美"的幸福学子，才是对大家最好的回报。

课程建设的推进只是拉开了一个序幕，书稿的出版，只是为了求教四方，吸纳更多的热爱教育的同仁们一起思索、研究、前行。架构初成，成书在即。行者无疆，新的征程又将开启，我们整装待发。路漫漫其修远兮，吾将上下而求索。

广州市黄埔区东荟花园小学校长

郭云海

2018 年 12 月 10 日

学校课程深度变革丛书

进入学科深处的六个秘密	978 - 7 - 5675 - 5810 - 6	28.00	2016 年 12 月
新美课程:演绎生命之诗	978 - 7 - 5675 - 7552 - 3	48.00	2018 年 5 月
跨界学习:学校课程变革的新取向	978 - 7 - 5675 - 7612 - 4	34.00	2018 年 6 月
以学习为中心的课程实施	978 - 7 - 5675 - 7817 - 3	48.00	2018 年 8 月
聚焦学习的课程评估:L‐ADDER 课程评估工具与应用			
	978 - 7 - 5675 - 7919 - 4	40.00	2018 年 11 月
学科核心素养与学科课程群	978 - 7 - 5675 - 8339 - 9	48.00	2019 年 1 月
大风车课程:童趣与想象	978 - 7 - 5675 - 8674 - 1	38.00	2019 年 3 月
蒲公英课程：综合实践活动课程的校本创意与深度			
	978 - 7 - 5675 - 8673 - 4	52.00	2019 年 3 月
MY 课程:叩响儿童心灵	978 - 7 - 5675 - 7974 - 3	39.00	2018 年 10 月
课程实施的 10 种模式	978 - 7 - 5675 - 8328 - 3	45.00	2019 年 1 月
聚焦式课程变革:制度设计与深度推进	978 - 7 - 5675 - 8846 - 2	36.00	2019 年 4 月
以素养为核心的学科课程图谱	978 - 7 - 5675 - 9041 - 0	58.00	2019 年 4 月
全经验课程:在地文化与实践演绎	978 - 7 - 5675 - 8957 - 5	54.00	2019 年 6 月

课堂教学转型丛书

上一堂灵魂渗着香的课	978 - 7 - 5675 - 3675 - 3	36.00	2015 年 8 月
把课堂打造成梦的样子	978 - 7 - 5675 - 3645 - 6	26.00	2015 年 8 月
整个世界都是教室	978 - 7 - 5675 - 5007 - 0	22.00	2016 年 6 月
寻找课堂教学的文化基因	978 - 7 - 5675 - 5005 - 6	22.00	2016 年 5 月

课堂是一种态度　　　　　　　　　　978 - 7 - 5675 - 3871 - 9　28.00　2015 年 10 月

给孩子最美好的东西　　　　　　　　978 - 7 - 5675 - 4200 - 6　30.00　2015 年 11 月

把每一个孩子深深吸引　　　　　　　978 - 7 - 5675 - 4150 - 4　24.00　2016 年 1 月

每一间教室都有梦　　　　　　　　　978 - 7 - 5675 - 4029 - 3　30.00　2015 年 10 月

课堂,可以春暖花开　　　　　　　　978 - 7 - 5675 - 3676 - 0　24.00　2015 年 10 月

课堂,与美相遇的地方　　　　　　　978 - 7 - 5675 - 5836 - 6　24.00　2017 年 1 月

赴一场思想的盛宴　　　　　　　　　978 - 7 - 5675 - 5838 - 0　28.00　2017 年 1 月

突破平面学习:神奇的"南苑学习单"　978 - 7 - 5675 - 5825 - 0　29.00　2017 年 1 月

让学习看得见:"226"教改实验研究　978 - 7 - 5675 - 6214 - 1　32.00　2017 年 4 月

每一种意见都很重要:"责任课堂"的维度与操作

　　　　　　　　　　　　　　　　　978 - 7 - 5675 - 6216 - 5　30.00　2017 年 4 月

品质课程丛书

活跃的课程图景　　　　　　　　　　978 - 7 - 5675 - 6941 - 6　42.00　2017 年 11 月

课程情愫:学校课程发展的另类维度　978 - 7 - 5675 - 7014 - 6　42.00　2017 年 11 月

突破大杂烩:有逻辑的学校课程变革　978 - 7 - 5675 - 6998 - 0　52.00　2017 年 11 月

课程群:学习的深度聚焦　　　　　　978 - 7 - 5675 - 6981 - 2　45.00　2017 年 11 月

嵌入式课程:特色课程的路径和方略　978 - 7 - 5675 - 6947 - 8　42.00　2017 年 11 月

课堂教学新样态

一百个孩子,一百个世界:基于差异的教学变革

　　　　　　　　　　　　　　　　　978 - 7 - 5675 - 6810 - 5　32.00　2017 年 10 月

让课堂洋溢生命感:L - O - V - E 教学法的精彩演绎

	978 - 7 - 5675 - 6977 - 5	32.00	2017 年 11 月
课堂如诗：“雅美课堂”的姿态	978 - 7 - 5675 - 7219 - 5	36.00	2018 年 3 月
近处无教育	978 - 7 - 5675 - 7536 - 3	32.00	2018 年 3 月
课堂，与美最近的距离	978 - 7 - 5675 - 7486 - 1	32.00	2018 年 4 月
课堂，涵养生命的园圃	978 - 7 - 5675 - 7535 - 6	36.00	2018 年 6 月
协同教学：意蕴与智慧	978 - 7 - 5675 - 8163 - 0	42.00	2018 年 9 月
课堂不是一个盒子	978 - 7 - 5675 - 8004 - 6	38.00	2019 年 1 月
在教室里眺望世界：基于 BYOD 的教学方式变革			
	978 - 7 - 5675 - 8247 - 7	48.00	2019 年 3 月

特色学校聚焦丛书

每一个孩子都是一棵树	978 - 7 - 5675 - 6978 - 2	28.00	2018 年 1 月
教育不是一个人的事：“众教育”36 条	978 - 7 - 5675 - 7649 - 0	32.00	2018 年 8 月
不一样的生命，一样的精彩	978 - 7 - 5675 - 8675 - 8	34.00	2019 年 3 月
童味正醇：特色学校的文化图谱	978 - 7 - 5675 - 8944 - 5	39.00	2019 年 8 月
特色普通高中课程建设探索	978 - 7 - 5675 - 9574 - 3	34.00	2019 年 10 月

图书在版编目(CIP)数据

核心素养导向的课程设计：花园式课程的文化与聚焦/
郭云海主编. —上海：华东师范大学出版社，2019
（品质课程实验研究丛书）
ISBN 978 - 7 - 5675 - 9037 - 3

Ⅰ.①核…　Ⅱ.①郭…　Ⅲ.①课程设计　Ⅳ.①G423

中国版本图书馆 CIP 数据核字(2019)第 215639 号

品质课程实验研究丛书

核心素养导向的课程设计：花园式课程的文化与聚焦

丛书主编　杨四耕
主　　编　郭云海
责任编辑　刘　佳
审读编辑　林青荻
责任校对　王丽平
装帧设计　卢晓红　刘怡霖

出版发行　华东师范大学出版社
社　　址　上海市中山北路 3663 号　邮编 200062
网　　址　www.ecnupress.com.cn
电　　话　021 - 60821666　行政传真 021 - 62572105
客服电话　021 - 62865537　门市(邮购)电话 021 - 62869887
地　　址　上海市中山北路 3663 号华东师范大学校内先锋路口
网　　店　http://hdsdcbs.tmall.com

印 刷 者　上海锦佳印刷有限公司
开　　本　787×1092　16 开
印　　张　16.25
字　　数　235 千字
版　　次　2019 年 10 月第 1 版
印　　次　2020 年 8 月第 4 次
书　　号　ISBN 978 - 7 - 5675 - 9037 - 3
定　　价　48.00 元

出 版 人　王　焰

（如发现本版图书有印订质量问题，请寄回本社客服中心调换或电话 021 - 62865537 联系）